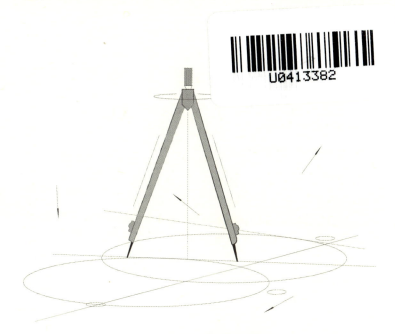

不一样的考核
绩效管理企业
案例解读笔记

张明辉 / 著

化学工业出版社
·北京·

图书在版编目（CIP）数据

不一样的考核：绩效管理企业案例解读笔记/张明辉著. —北京：化学工业出版社，2017.5
ISBN 978-7-122-29400-5

Ⅰ.①不⋯　Ⅱ.①张⋯　Ⅲ.①企业绩效-企业管理　Ⅳ.①F272.5

中国版本图书馆CIP数据核字（2017）第066681号

责任编辑：罗　琨　　　　　　　　装帧设计：水玉银
责任校对：边　涛

出版发行：化学工业出版社（北京市东城区青年湖南街13号　邮政编码100011）
印　　装：三河市双峰印刷装订有限公司
710mm×1000mm　1/16　印张18　字数243千字　2017年7月北京第1版第1次印刷

购书咨询：010-64518888（传真：010-64519686）　售后服务：010-64518899
网　　址：http://www.cip.com.cn
凡购买本书，如有缺损质量问题，本社销售中心负责调换。

定　价：45.00元　　　　　　　　　　　　　　　版权所有　违者必究

Preface ⅠⅠⅠⅠ 前 言

近些年，在绩效管理领域，读者耳熟能详的是：KPI，平衡记分卡，360度考核，目标管理等。

但是，中国的本土企业，尤其是一些老牌民企，它们做大做强，实现可持续经营，实行的却是相对陌生的管理土办法：核算分配体系、经济责任制考核、承包制、经济责任书、管理五大方面考核等。因此，解读这些资料就显得很有必要，我们可以挖掘出其中的精华，为我所用。

本书详细深入解读了七大类企业的绩效管理真实案例，包括：老牌民企、IT企业、老牌上市国企运营商、上市公司、合资企业、服务企业、特定部门和人员的分类考核方案。由老HR带你做解读与测算，读懂绩效管理案例的细枝末节。

在案例的编排上，考虑多样化和代表性，但不追求门类齐全。因为每家企业由于行业，规模，体制，阶段，文化等因素影响，绩效管理变异多样，无法穷尽，但多看几个行业，企业类型，加以比较，在方法论中举一反三，融会贯通，结合本企业的实际，学以致用，必有所得。

从案例中可以看到中国本土企业最真实的绩效管理。如：

核算分配体系、经济责任制考核、承包制、经济责任书、管理五大方面考核、年薪制、分部门的奖金提成方案、模范班组评选、工资总额与业绩挂钩、各部门KPI选取、IT公司的KPI体系建立、保险公司的L-KPI考核、业务员薪酬与费用、客服人员星级考评、中高层述职制度、货代公司的分部门考核薪酬方案等。

  总的来说，本书通过深度解读，帮读者看透复杂的绩效体系和方案背后设计的逻辑，真正读懂文字和数据背后的业务实质和老板的意图、杠杆导向。现在，请一起阅读本书，做一场中国本土企业绩效管理的探秘之旅。

Contents 目 录

第1章 核算分配体系与经济责任制考核（老牌民企甲的绩效考核案例解读） ············ 1

1.1 工厂核算分配体系（老牌民企甲的绩效考核案例解读一） ············ 1
- 1.1.1 方案整体鸟瞰（四类结算方法） ············ 2
- 1.1.2 月度部门结算方法（八步） ············ 2
- 1.1.3 年度部门结算方法（指标分解、年度与月度的关系） ············ 15
- 1.1.4 月度部门经理结算方法（年薪组成与考核对应） ············ 19
- 1.1.5 年度部门经理结算方法（岗位工资、激励收入的考核） ············ 20
- 1.1.6 数据提供规定（主角与配角） ············ 21

1.2 职能部门核算分配体系（老牌民企甲的绩效考核案例解读二） ············ 22
- 1.2.1 职能部门月度结算方法（平均奖、总薪资系数、考核系数、核算指标扣罚） ············ 22
- 1.2.2 职能部门的年终结算方法（年薪减预发） ············ 26
- 1.2.3 职能部门经理的月度结算方法（年薪组成与考核对应） ············ 28
- 1.2.4 职能部门经理的年终结算方法（年薪减预发） ············ 29
- 1.2.5 职能部门与工厂的核算体系的比较 ············ 30

1.3 经济责任制考核（老牌民企甲的绩效考核案例解读三） ············ 31

1.3.1　经济责任制考核的框架（实质、依据、考核分基数）……………… 31
　　　1.3.2　年度部门经济责任制的考核样表和操作表单 ……………… 35
　　　1.3.3　各部门的年度指标分解到月 ……………… 37
　1.4　核算分配体系与经济责任制考核的设计逻辑（工厂、职能部门）……… 38

第2章　分公司工资总额与业绩挂钩
（老牌民企乙的绩效考核案例解读）……………… 40
　2.1　分公司管理人员奖金计算（老牌民企乙的绩效考核案例解读一）……… 41
　2.2　分公司经济责任书（老牌民企乙的绩效考核案例解读二）……………… 46
　　　2.2.1　经济责任书七类指标和套表简化说明 ……………… 46
　　　2.2.2　模拟数据结果 ……………… 48
　2.3　分公司五大管理方面考核（老牌民企乙的绩效考核案例解读三）……… 58
　　　2.3.1　考核指标的组成 ……………… 58
　　　2.3.2　考核指标的配套（考核标准与检查表单）……………… 60
　　　2.3.3　模拟数据的结果分析 ……………… 77
　　　2.3.4　考核方案的逻辑 ……………… 80

第3章　子公司的考核（老牌民企丙的绩效管理案例解读）……………… 81
　子公司工资总额与业绩挂钩（老牌民企丙的绩效管理案例解读一）……… 81
　　　3.1.1　工资总额考核方案与测算（三类子公司的区别）……………… 81
　　　3.1.2　奖金发放依据（集团管理人员和物流、外贸公司）……………… 86

第4章　服装专卖店考核提成方案（民企丁的绩效管理案例解读）……… 88
　4.1　服装专卖店薪资方案 ……………… 88
　4.2　专卖店提成方案与测算（总部自营店、直营店）……………… 91
　4.3　考核表（直营店）……………… 94

第5章 上市软件公司的分部门提成奖金方案（IT企业的绩效案例解读） 97

5.1 销售一部的薪资组成与提成方案 97
5.1.1 提成计算 98
5.1.2 系数说明 98
5.1.3 提成支付 100
5.1.4 配合销售的提成比例划分 100

5.2 销售二部的薪资组成与提成方案 101
5.3 技术部的薪资组成与提成奖金方案 101
5.3.1 提成计算 102
5.3.2 年终奖 103

5.4 工程部的薪资组成与提成奖金方案 103
5.4.1 提成计算（工程一处、二处、客服中心） 103
5.4.2 年终奖 104

5.5 研发部的薪资组成与提成奖金方案（提成、年终奖、基薪） 105
5.6 财务部、综合部的薪资组成与奖金方案 105

第6章 营销部门的分类考核（某制造公司的销售考核案例解读） 107

6.1 行业、渠道部经理的考核（某制造公司的销售考核解读一） 108
6.1.1 行业部经理的考核 108
6.1.2 渠道部经理的考核 111
6.1.3 考核奖励挂钩与考核分测算 112

6.2 大区经理、大区行业主管、大区渠道主管的提成考核方案（某制造公司的销售考核解读二） 116
6.2.1 区域岗位分类年终奖计算 116
6.2.2 区域岗位KPI考核表 122

6.3 销售支持部门的KPI考核（某制造公司的销售考核解读三） ……… 125

第7章 集团公司、各级分公司绩效考核体系
（运营商Y绩效管理案例解读）………………………………… 131

7.1 经营责任制考核办法A解读（Y的上市公司省级子公司）………… 131
　　7.1.1 考核指标体系 ……………………………………………… 131
　　7.1.2 考核办法、计分标准及解释 ……………………………… 132
　　7.1.3 奖惩办法 …………………………………………………… 139
7.2 经营业绩考核办法B解读（Y的上市公司省级子公司）………… 142
7.3 经营业绩考核办法修订C解读（Y的上市公司省级子公司）…… 143
7.4 总经理绩效考核办法解读（Y的地市级分公司）………………… 145
　　考核指标、分值及计分标准 ………………………………………… 145
7.5 员工绩效考核办法解读（Y的省公司）…………………………… 148
7.6 年度运营业绩考核办法解读（Y的市分公司）…………………… 150

第8章 省分公司的工资总额核定办法
（运营商L的绩效考核案例解读）……………………………… 152

8.1 薪酬总额计提 ……………………………………………………… 152
8.2 薪酬总额测算（三类）…………………………………………… 154
　　8.2.1 各地市分公司的薪酬总额测算 …………………………… 154
　　8.2.2 合并的薪酬总额测算 ……………………………………… 155
　　8.2.3 集团下达的省公司薪酬总额测算 ………………………… 156

第9章 IP卡公司的分公司考核办法
（运营商J的绩效考核案例解读）……………………………… 159

9.1 分公司经营业绩评价办法 ………………………………………… 159
9.2 薪资调整办法 ……………………………………………………… 163

9.3 分公司经营等级调整办法 …… 164
9.3.1 分公司经营等级划分标准 …… 165
9.3.2 分公司经营等级的权益和变动 …… 166

第10章 销售分公司经理年薪制考核（某国产手机厂家绩效管理实例解读）…… 169
10.1 分公司经理的月度考核 …… 169
10.2 分公司经理的年终考核 …… 170

第11章 销售人员年薪制考核方案（制造企业S的销售考核案例解读）…… 173
11.1 产品结算（四类业务费提成）…… 173
11.1.1 传统产品业务费结算 …… 173
11.1.2 其他产品业务费结算 …… 175
11.1.3 回收业务业务费结算 …… 175
11.1.4 代维业务业务费结算 …… 176
11.1.5 分公司考核奖励配套（年终奖励、房租补助）…… 176
11.2 销售公司薪资管理办法 …… 178
11.3 销售工程师月度考核实施方案 …… 179
11.3.1 考核表及计算 …… 179
11.3.2 考核办法 …… 180

第12章 部门KPI指标库（上市国企绩效管理案例解读）…… 183
12.1 营销部门的KPI考核表（销售部、市场部）…… 184
12.2 生产部门的KPI考核表（锻造、热处理、装配、装备车间）…… 186
12.3 技术部门的KPI考核表（研发部、工程部）…… 192
12.4 供应链部门的KPI考核表（计划部、采购部、质量部）…… 193

12.5 职能部门的KPI考核表（办公室、财务部、人力资源部）……………… 196

第13章 员工绩效考核办法（合资手机厂家绩效管理案例解读）…… 201

13.1 员工绩效考核办法（合资手机厂家绩效管理案例解读一）………… 201
13.1.1 总则……………………………………………………………… 202
13.1.2 技术行政人员的考核细则…………………………………… 204
13.1.3 工人的考核细则………………………………………………… 204
13.1.4 考核与变动薪资挂钩………………………………………… 206
13.1.5 考核与技能工资挂钩………………………………………… 208

13.2 模范班组的评定（合资手机厂家的绩效考核案例解读二）………… 209
13.2.1 参评人员范围、评比周期…………………………………… 209
13.2.2 班组考核细则………………………………………………… 210
13.2.3 奖励方案与发奖形式………………………………………… 213

13.3 拉长的考核（合资手机厂家的绩效考核案例解读三）……………… 214
13.3.1 拉长考核（两类拉长）……………………………………… 215
13.3.2 拉长奖金计算………………………………………………… 219

13.4 积分制考核的变种，生产线员工考评扣分细则
（合资手机厂家的绩效考核案例解读四）……………………………… 220
13.4.1 生产线员工考评细则的框架………………………………… 221
13.4.2 生产线员工考评扣分标准…………………………………… 223
13.4.3 装配车间员工考评扣分标准………………………………… 224
13.4.4 材料仓库员工考评扣分标准………………………………… 225
13.4.5 成品库员工考评扣分标准…………………………………… 227

第14章 长期KPI考核与业务员薪酬
（某保险公司绩效管理案例解读）……………………………………… 229

14.1 寿险机构长期KPI考核表与指标定义………………………………… 229

14.2 保险营销人员的薪酬（业务员、主管）·················· 232

14.3 年终奖（团队、个人）································ 235

14.4 保险销售的费用率与考核···························· 236

第15章 年薪制与部门年度考核书
（某通信服务企业的绩效管理案例解读）·················· 237

15.1 年度部门考核书（6个部门）························ 237

15.2 考核与奖金挂钩···································· 242

15.2.1 奖励系数的确定···························· 242

15.2.2 各部门奖金包基数的确定···················· 242

第16章 代维、自维考核方案及测算
（运营商网络部的绩效管理案例解读）·················· 246

16.1 某县分公司网络代维与自维结合的考核方案············ 246

16.2 代维与自维费用测算································ 249

16.2.1 代维与自维费用数据························ 249

16.2.2 代维与自维费用比较分析···················· 250

16.3 某市分公司网络自维承包方案························ 252

第17章 工厂成本考核的漏洞与补救
（某民企工厂的绩效管理案例解读）···················· 254

17.1 成本考核指标调整的漏洞与补救措施（系数法介绍）···· 254

17.2 系数法的测算······································ 256

17.2.1 品种结构改变的系数法测算·················· 256

17.2.2 价格变动的系数法测算······················ 257

17.2.3 系数法的利弊和进一步的修正措施············ 259

第18章　业务提成方案与核算（某外贸公司的绩效管理案例解读）… 262

18.1　薪资结构与客户分类 … 262
18.2　业务员提成计算 … 263
18.3　内勤人员、跟单员的提成计算 … 268
18.4　特别贡献奖、部门奖金池、其他规定 … 269

第19章　业务人员、项目组、中间商、代理商、推荐人的提成奖励分配（某节能公司销售提成方案解读）… 271

19.1　项目提成 … 272
19.1.1　营销人员提成 … 272
19.1.2　中间商、代理商的提成 … 273
19.2　其他规则（扣罚、提成支付、费用控制）… 275
19.2.1　惩罚规则 … 275
19.2.2　提成支付、兑现方式、扣税 … 275
19.2.3　销售费用控制 … 276

第1章
核算分配体系与经济责任制考核

（老牌民企甲的绩效考核案例解读）

长三角地区的老牌民企甲集团有40多年的历史，产值规模几百亿，人员规模数万人。集团旗下有家上市公司，实行核算分配体系与经济责任制考核制度，与HR常见提法"KPI、平衡记分卡、目标管理、360度考核"等不同。这不免令人好奇：企业做得这么大、这么好，持续经营这么久，这种听起来与流行管理不同的"土办法"，究竟是什么内容，精华在哪里？

本案例探秘分为三步：先锁定工厂的核算分配体系，再探职能部门的核算分配体系，最后探经济责任制考核。现在让我们从头说起……

1.1 工厂核算分配体系
（老牌民企甲的绩效考核案例解读一）

工厂核算分配体系重点要讲清楚四类结算方法，分别是月度部门结算、年度部门结算、月度部门经理结算、年度部门经理结算。

§1.1.1 方案整体鸟瞰（四类结算方法）

先从工厂组织架构、考核方案框架、四类结算方法对方案进行整体鸟瞰。

工厂的组织架构

该厂有六个车间：制造部、金工一车间、金工二车间、金工三车间、动力车间、机加工车间。见图1.1。

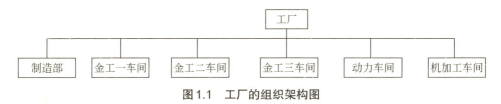

图1.1　工厂的组织架构图

考核方案框架

考核文件的撰写适用期限取自然年度，即当年的1月1日～12月31日；核算指标有四项，分别是制造成本、人均产量、平均人数、百元产值资金占用；结算周期分月度、年度结算。对部门、部门经理分类结算，部门指剔除部门经理后的本部门员工。数据提供以财务部为主，其次是质管部，人事部只提供一项。数据造假规避：各车间的数据由制造部审核，制造部的数据由企管办审核。解释权归财务部。

四类结算方法划分

按照月度、年度，及部门、部门经理，划分出四类：月度部门结算方法、月度部门经理结算方法、年度部门结算方法、年度部门经理结算方法。

月度部门结算方法比较复杂，一旦理解了它的操作步骤和设计逻辑，其他三类结算方法也就容易懂了。因此，先从月度部门结算方法讲起。读这部分，一定要有耐心，反复看几遍，暂且抛却脑海中已习惯的HR常规考核做法，换换思路。

§1.1.2 月度部门结算方法（八步）

月度部门结算方法共有以下八步。

① 确定月度部门薪资基数。

② 确定月度部门的单项指标的薪资基数。

③ 确定月度部门单项指标的可分配薪资。

④ 确定月度部门可分配薪资。

⑤ 确定月度部门剩余可分配薪资。

⑥ 确定月度部门实际可分配薪资。

⑦ 确定月度部门可兑现薪资。

⑧ 加倍核算新增销售的奖励额。

第一步，确定月度部门薪资基数

年度的部门薪资基数A是公司核定的。通过月分摊系数L，分解得到月度的部门薪资基数B。计算公式：月度部门薪资基数B=年度部门薪资基数A×月分摊系数L/100。即：B=A×L/100。

1～12月的分摊系数模拟数据，见表1.1。

表1.1 月分摊率模拟数据

月份	1	2	3	4	5	6	7	8	9	10	11	12	合计
分摊系数L	7.4	7	7.9	8.3	8.5	8.3	8.4	8.5	8.8	8.8	8.8	9.3	100

测算举例如下，假定甲车间的年度部门薪资基数B=200万，则甲车间1月的月度部门薪资基数B=200×7.4/100=14.8（万）。

关于甲车间的年度部门薪资基数到底多少，暂且不讨论，后面再说。

> **解读笔记**
>
> 月度分摊率是怎么确定的？或许是该工厂几年下来的经验数据。但这个系数分摊的方法值得学习：因为月度部门薪资基数B是薪资包，按照HR习惯的思路，薪资包整体应与考核分挂钩，但是本案例却采取了切块的做法。

第二步，确定月度部门的单项指标的薪资基数

通过各指标的重要性，按比例分配，得到月度部门的单项指标的薪资基数C。

计算公式：月度部门的单项指标的薪资基数C=月度部门薪资基数B×单项指标薪资占比P。即：C=B×P。

四个单项指标（制造成本C1、人均产量C2、平均人数C3、百元产值资金占用C4）的薪资占比（P），见表1.2。

表1.2　单项指标的薪资占比

指标C	制造成本	人均产量	平均人数	百元产值资金占用	合计
薪资占比P	40%	40%	10%	10%	100%

上述四个单项指标的月度部门薪资基数C1、C2、C3、C4的计算公式，见表1.3。

表1.3　单项指标月度部门薪资基数C1～C4的计算公式

计算公式	C1=B×0.4	C2=B×0.4	C3=B×0.1	C4=B×0.1

测算举例：甲车间1月各指标的薪资基数，见表1.4。

表1.4　甲车间1月各指标的薪资基数计算表

序号	月度部门薪资基数B（万元）	指标	薪资占比	月度部门的单项指标的薪资基数C	计算公式	C金额（万元）
1	14.8	制造成本	40%	月度部门的制造成本的薪资基数C1	C1=B×0.4	5.92
2		人均产量	40%	月度部门的人均产值的薪资基数C2	C2=B×0.4	5.92
3		平均人数	10%	月度部门的平均人数的薪资基数C3	C3=B×0.1	1.48
4		百元产值资金占用	10%	月度部门的百元产值资金占用的薪资基数C4	C4=B×0.1	1.48
	合计		100%			14.8

解读笔记

一般HR主导的考核体系拥有众多的绩效指标,通过权重设置,对单项指标的实际值与目标值进行对比,依据计算规则对单项分累加得到综合考核分,再与薪资包进行直接或间接的挂钩。挂钩方式一般有考核分/100或考核分转化为等级及奖励系数。可概括为"综合分+挂钩"。

打个比方,一只手对应着一个薪资包(基数),五个手指头也按权重考核,得出来的是分数(综合分);这个综合分直接或间接与薪资包基数发生计算关系,得到与手对应的考核薪资包。

但本案例的部门月度结算方法核心是切块。一开始就把薪资包基数切块,每块对应不同的绩效指标,单独考核计算,再把考核后的薪资块累加,得到考核后的薪资包。

打个比方,好比一只手的五根手指头,分别对应一个薪资块单独考核,五根手指头有变化(变长、变短、不变),再相加得到与手对应的考核薪资包。

本案例的薪资与单项指标的关系更明确,更容易让被考核对象感受到考核与薪资的因果关系,也就是利益与责任的关系,完成好坏与得到利益的明确关系。

这是HR主导与财务主导制定制度的思维上的区别。

通过薪资切块能感受到本考核文件的财务思维的痕迹。考核文件名"核算分配体系与经济责任制考核",关键词有先后,"核算"在前、"分配(薪酬)"在中、"考核"在后,就容易理解了。

而核算指标的选取,制造成本、人均产量、平均人数、百元产值资金占比,符合制造行业对成本控制、人均效益、资金周转的特点。

指标不在多而在精。虽然没有提KPI,但这就是工厂的"KPI":关

> 键、绩效、指标。把薪资与这四个KPI单独挂钩，十分醒目，抓住了工厂各车间主任的眼球和心理。每个KPI的完成率，势必影响到自己的薪资收入。放大或缩小，都是自己的肉。切中要害！

第三步，确定月度部门单项指标的可分配薪资

通过单项指标的完成率Q，加减奖罚额E，计算得到月度部门的单项指标的可分配薪资D。四个单项指标的可分配薪资，记为D1、D2、D3、D4。

计算公式：月度部门单项指标的可分配薪资D=月度部门单项指标的薪资基数C+月度部门单项指标完成率的奖罚额E。即D=C+E。

读者一定会问，奖罚额E又如何得到？考核文件显示，奖罚额的规则是"奖四罚六，奖罚上限50%"。

奖四罚六含义如下，完成越多越好的指标（如人均产量），完成率Q每超1%，薪资基数C加4%；Q每低1%，C减6%。完成越少越好的指标（如制造成本、平均人数、百元产值资金占用），完成率Q每超1%，薪资基数C减6%；Q每低1%，C加4%。见表1.5。

表1.5 奖四罚六的计算关系

序号	指标	奖四罚六规则细化	算法类型
1	制造成本	Q每低1%，C加4%；Q每超1%，C减6%	算法2
2	人均产量	Q每超1%，C加4%，Q每低1%，C减6%	算法1
3	平均人数	Q每低1%，C加4%；Q每超1%，C减6%	算法2
4	百元产值资金占用	Q每低1%，C加4%；Q每超1%，C减6%	算法2

平均人数、百元产值资金占用与制造成本一样，适用算法2。测算举例如下。

甲部门1月制造成本目标值100万，实际值103万，单项指标完成率Q1=103/100=103%，适用算法2，则：制造成本的奖罚额E1=C1×(100−103)×6%=−5.92×18%=−1.07（万）。此时，甲部门1月的制造成本的可分配薪资

$D1=C1+E1=5.92-1.07=4.85$（万）。

相反，甲部门1月制造成本目标值100万，实际值97万，单项指标完成率$Q1=97/100=97\%$，仍适用算法2，则：制造成本的奖罚额$E1=C1×(100-97)×4\%=5.92×12\%=0.71$（万）。此时，甲部门1月的制造成本的可分配薪资$D1=C1+E1=5.92+0.71=6.63$（万）。

上述制造成本的奖罚额的测算数据，见表1.6。

表1.6 制造成本的奖罚额测算数据

薪资基数 C1	目标值	实际值	完成率Q1	奖罚	奖罚比例计算规则	奖罚额E1	可分配薪资 D1=C1+E1
万元	万元	万元	%			万元	万元
5.92	100	103	103%	罚	C1×(100-103)×6%	-1.07	4.85
5.92	100	97	97%	奖	C1×(100-97)×4%	0.71	6.63

人均产量适用算法1。测算举例如下。

甲车间1月平均产量目标值10000个，实际值10300个，单项指标完成率$Q2=10300/10000=103\%$，则平均产量的奖罚额$E2=C2×(103-100)×4\%=5.92×12\%=0.71$（万）。此时，甲部门1月的人均产量的可分配薪资$D2=C2+E2=5.92+0.71=6.63$（万）。

相反，甲车间1月平均产量目标值10000个，实际值9700个，单项指标完成率$Q2=9700/10000=97\%$，则平均产量的奖罚额$E2=C2×(97-100)×6\%=-5.92×18\%=-1.07$（万）。此时，甲部门1月的人均产量的可分配薪资$D2=C2+E2=5.92-1.07=4.85$（万）。上述人均产量的奖罚额的测算数据，见表1.7。

表1.7 人均产量的奖罚额测算

薪资基数 C2	目标值	实际值	完成率Q2	奖罚	奖罚比例计算规则	奖罚额E2	可分配薪资 D2=C2+E2
万元	万元	万元	%			万元	万元
5.92	10000	10300	103%	奖	C1×(103-100)×4%	0.71	6.63
5.92	10000	9700	97%	罚	C1×(97-100)×6%	-1.07	4.85

现在进行四项指标完成率的奖罚额模拟测算,见表1.8。奖罚额E=−0.44万,可分配薪资D=14.36万。结果是薪资包减少了0.44万。

表1.8 四项指标的奖罚额模拟测算

序号	指标	薪资基数C 万元	目标值 万元	实际值 万元	完成率Q %	奖罚	奖罚计算规则	奖罚额E 万元	可分配薪资 D=C+E 万元	差额 万元
1	制造成本	5.92	100	103	103%	罚	C1×(100−103)×6%	−1.07	4.85	
2	人均产量	5.92	100	97	97%	奖	C2×(100−97)×4%	0.71	6.63	
3	平均人数	1.48	10000	10300	103%	罚	C3×(100−103)×6%	−0.27	1.21	
4	百元产值资金占用	1.48	10000	9700	97%	奖	C4×(100−97)×4%	0.18	1.66	
合计		14.8						−0.44	14.36	−0.44

根据奖罚比例上限50%的规则,E1最大值=C1×50%=5.92×50%=2.96万,E1最小值=C1×(−50%)=5.92×(−50%)=−2.96(万),则D1最大值=C1+E1最大值=5.92+2.96=8.88(万),D1最小值=C1+E1最小值=5.92−2.96=2.96(万)。

第四步,确定月度部门可分配薪资

通过单项合计,得到月度部门的可分配薪资F。

计算公式:月度部门可分配薪资F=∑月度部门的单项指标的可分配薪资D。即:F=∑D。这步比较简单。

至此,通过薪资切块、薪资块浮动变化,再加总的操作完成,但结算还没有完。

第五步,确定月度部门剩余可分配薪资

通过扣除平时预发工资H,得到月度部门的剩余可分配薪资G。

计算公式:月度部门剩余可分配薪资G=月度部门可分配薪资F−月度部门平时预发工资H,即G=F−H。

测算举例如下。

甲车间1月可分配薪资F=14.36万，假定1月预发工资H=13万，则甲车间1月的剩余可分配薪资G=14.36−13=1.36（万）。

点评如下。

从本步可见，该工厂的核算分配是对工资总额的控制，而不是绩效奖金的控制。平时工资也包含在工资总额内，只是作为预发的形式。对工资总额的总体浮动的影响，刺激（激励或压力）比绩效奖金的影响要大。

第六步，确定月度部门实际可分配薪资

通过三个专项奖罚的加减，得到月度部门实际可分配薪资I。这三项奖罚是质量否决考核J、经济责任制及主要经济指标考核K、质量索赔M。

计算公式：月度部门实际可分配薪资I= 月度部门剩余可分配薪资G− 质量否决考核J− 经济责任制及主要经济指标考核K− 质量索赔M。即I=G−J−K−M。

那么问题又来了：J、K、M如何计算？

① 质量否决考核J的奖罚规则。

超过目标值（95分），不奖不罚；每低1分，扣"月度部门剩余可分配总额×40%"的1%，"以月度部门剩余可分配总额×30%为限"。

测算举例：G、G×40%、G×40%×1%、G×30%，见表1.9。

表1.9　月度部门剩余可分配薪资G相关的数据

月度部门可分配薪资G	G×40%	G×40%×1%	G×30%
万元	万元	万元	万元
1.36	0.54	0.005	0.41

质量否决考核的奖罚额J的测算表，见表1.10。

表1.10　质量否决考核的奖罚额J的测算表

月度部门可分配薪资G	扣罚基数 G×40%	奖罚基数的浮动 G×40%×1%	扣罚上限 G×30%	目标值	实际值	奖罚比例	奖罚额 J	封顶奖罚额 JJ	G+JJ
万元	万元	万元	万元	分	分	%	万元	万元	万元
1.36	0.54	0.005	0.41	95	96	0%	0.00	0.00	1.36
1.36	0.54	0.005	0.41	95	90	−5%	−0.03	−0.03	1.33

续表

月度部门可分配薪资G	扣罚基数 G×40%	奖罚基数的浮动 G×40%×1%	扣罚上限 G×30%	目标值	实际值	奖罚比例	奖罚额 J	封顶奖罚额 JJ	G+JJ
万元	万元	万元	万元	分	分	%	万元	万元	万元
1.36	0.54	0.005	0.41	95	80	−15%	−0.08	−0.08	1.28
1.36	0.54	0.005	0.41	95	70	−25%	−0.14	−0.14	1.22
1.36	0.54	0.005	0.41	95	60	−35%	−0.19	−0.19	1.17
1.36	0.54	0.005	0.41	95	60	−35%	−0.19	−0.19	1.17
1.36	0.54	0.005	0.41	95	50	−45%	−0.24	−0.24	1.12
1.36	0.54	0.005	0.41	95	40	−55%	−0.30	−0.30	1.06
1.36	0.54	0.005	0.41	95	30	−65%	−0.35	−0.35	1.01
1.36	0.54	0.005	0.41	95	20	−75%	−0.41	−0.41	0.95
1.36	0.54	0.005	0.41	95	10	−85%	−0.46	−0.41	0.95

解读笔记

该条奖罚规则的表述比较费解，测算后发现，实际意思是考核分低到20分时就不再多扣了。

② 经济责任制及主要经济指标考核K的奖罚规则。

每低1分，扣"月度部门剩余可分配薪资总额"的1%，"以月度部门剩余可分配薪资总额×20%为限"。

经济责任制及主要经济指标考核的奖罚额K的测算，见表1.11。

表1.11 经济责任制及主要经济指标考核的奖罚额K的测算表

扣罚基数 月度部门可分配薪资G	扣罚上限 G×20%	目标值	实际值	奖罚比例	奖罚额K	封顶奖罚额KK	G+KK
万元	万元	分	分	%	万元	万元	万元
1.36	−0.27	100	100	0%	0	0	1.36
1.36	−0.27	100	98	−2%	−0.03	−0.03	1.33

续表

扣罚基数	扣罚上限	目标值	实际值	奖罚比例	奖罚额K	封顶奖罚额KK	G+KK
月度部门可分配薪资G	G×20%						
万元	万元	分	分	%	万元	万元	万元
1.36	−0.27	100	96	−4%	−0.05	−0.05	1.31
1.36	−0.27	100	94	−6%	−0.08	−0.08	1.28
1.36	−0.27	100	92	−8%	−0.11	−0.11	1.25
1.36	−0.27	100	90	−10%	−0.14	−0.14	1.22
1.36	−0.27	100	88	−12%	−0.16	−0.16	1.20
1.36	−0.27	100	86	−14%	−0.19	−0.19	1.17
1.36	−0.27	100	84	−16%	−0.22	−0.22	1.14
1.36	−0.27	100	82	−18%	−0.24	−0.24	1.12
1.36	−0.27	100	80	−20%	−0.27	−0.27	1.09
1.36	−0.27	100	78	−22%	−0.30	−0.27	1.09

解读笔记

该条奖罚规则的表述比较清晰，实际意思是考核分低到80分（目标值为100分的情况）就不再多扣了。

至于经济责任制及主要经济指标考核K具体如何考核得到的，将在年度部门结算方法中介绍。

可见，财务部起草方案时，把HR主导做考核方案最先提及关注的各部门KPI、工作目标等，挪到后面介绍了。在财务的视角中，核算分配（也就是工资总额与业绩挂钩）放在优先考虑，考核放在其次作配套。财务与HR的思维差异很大。

③ 质量索赔M的奖罚规则。

下道部门向上道部门索赔，由下道部门申请，质量管理部判定后全额扣减。

各工序造成的客户质量索赔，除质量管理部至少承担索赔额的10%外，其余按责任大小从相关制造部（或车间）月度部门剩余可分配薪资总额中扣除。

测算举例如下。质管部判定1月发生5次质量索赔额N，每次质管部、制造部、各车间责任承担比例，见表1.12。

表1.12　各车间责任承担比例

情况	质量部判定质量索赔额N（万元）	责任承担比例（%）						
		质管部	制造部	金工一车间	金工二车间	金工三车间	动力车间	机加工车间	合计
1	1	10%		90%					100%
2	2	10%	10%	40%			20%	20%	100%
3	1.6	10%			60%		30%		100%
4	4	12%		30%				58%	100%
5	3.2	12%				60%	20%	8%	100%

质管部、制造部、各车间承担的处罚额，见表1.13。

表1.13　各车间处罚额M

情况	质量部判定质量索赔额N（万元）	处罚金额（万元）						
		质管部	制造部	金工一车间	金工二车间	金工三车间	动力车间	机加工车间	合计
1	1	0.10	0.00	0.90	0.00	0.00	0.00	0.00	1.00
2	2	0.20	0.20	0.80	0.00	0.00	0.40	0.40	2.00
3	1.6	0.16	0.00	0.00	0.96	0.00	0.48	0.00	1.60
4	4	0.48	0.00	1.20	0.00	0.00	0.00	2.32	4.00
5	3.2	0.38	0.00	0.00	0.00	1.92	0.64	0.26	3.20
合计	11.8	1.32	0.20	2.90	0.96	1.92	1.52	2.98	11.80

假定前面提到的甲车间就是金工一车间，选取表1.13的情况1，则金工一车间的质量索赔额M=-0.90万元。

④ 三项处罚J+K+M。

假定金工一车间1月，J=0.13万，K=0.08万，M=0.90万，则三项处罚=1.11万。金工一车间1月的实际可分配薪资I=G-J-K-M=1.36-1.11=0.25（万）。

也就是说，金工一车间1月扣完后，只有0.25万了。问题是这0.25万，现在还不能直接发掉。

第七步，确定月度部门可兑现薪资

通过扣除年终预提S，得到月度部门可兑现薪资R。

计算公式：月度部门可兑现薪资R=月度部门实际可分配薪资I−年终预提S，而年终预提S=月度部门实际可分配薪资I×年终预提比例T。即：R=I−I×T=I×（1−T）。

年终预提比例T是多少？考核方案规定，年终预提=月度部门实际可分配薪资总额×预提比例，预提比例为15%～30%。

测算举例如下。

金工一车间的主任跟厂长商量后，决定1月预提比例=20%，则S=I×T=0.25×20%=0.05（万）。R=0.25−0.05=0.2（万）。

也就是说，金工一车间，1月决定拿出2000元作为当月奖金分配。还有500元预留作年终奖基数。

全年的年终奖基数=∑月度年终预提。

第八步，加倍核算新增销售的奖励额

考核方案还提到了第八步。

各部门在满足公司销售计划的基础上，通过自行联系并承接其他业务，以达到增加本部门的销售，公司按新增部门销售（以回款计）占该部门销售产值的比例，加倍核算增加部门当月的月度部门可分配薪资总额、部门经理岗位收入。该部分销售的数据由财务部核实、提供，由制造部、企管办结算。

测算举例如下。

金工一车间1月，从外单位承接了新增部门销售回款5万，该车间1月的销售产值为50万，新增比例=5/100=5%。加倍核算，1月该车间的月度部门可分配薪资（F调整）=14.36×（1+2×5%）=15.80（万）。

则G=F调整−H=15.8−13=2.8（万）。

$I=G-(J+K+M)=2.8-1.11=1.69$（万）。

$S=I\times T=1.69\times 20\%=0.34$（万）。

$R=I-S=1.69-0.34=1.35$（万）。

也就是说，通过额外承接新增销售回款5万，金工一车间1月，可兑现薪资R=1.35万，年终预提S=0.34万。

现在，用一张表总结每步的操作和计算依据，见表1.14。

表1.14　月度部门结算方法八步总结表

步骤	阶段性产出	计算依据	备注
1.月度分摊	确定月度部门薪资总额基数	月度部门薪资总额基数=年度部门薪资总额基数×月分摊率	
2.薪资切块	确定单项指标的月度薪资基数	单项指标的月度薪资基数=月度部门薪资总额基数×比例	单项指标及薪资比例：制造成本（0.4）、人均产量（0.4）、平均人数（0.1）、百元产值生产资金占用（0.1）
3.单项奖罚	确定单项指标的月度可分配薪资	单项指标的月度可分配薪资=单项指标的月度薪资基数+单项指标完成奖罚额	奖罚额：奖四罚六，上限50%。
4.单项加总	确定月度部门可分配薪资总额	月度部门可分配薪资总额=Σ单项指标的月度可分配薪资	
5.扣除预发	确定月度部门剩余可分配薪资总额	月度部门剩余可分配薪资总额=月度部门可分配薪资总额−预发部门工资	
6.其他三项奖罚	确定月度部门实际可分配薪资总额	月度部门实际可分配薪资总额=月度部门剩余可分配薪资总额−质量否决考核−经济责任制及主要经济指标考核−质量索赔	其他三项奖罚为：质量否决考核、经济责任制及主要经济指标考核、质量索赔
6.其他三项奖罚	6.1 质量否决考核	超过目标值（95分），不奖不罚；每低1分，扣"月度部门剩余可分配总额×40%"的1%，"以月度部门剩余可分配总额×30%为限"	
6.其他三项奖罚	6.2 经济责任制及主要经济指标考核	每低1分，扣"月度部门剩余可分配薪资总额"的1%，最多扣"以月度部门剩余可分配薪资总额×20%为限"。	

续表

步骤	阶段性产出	计算依据	备注
6.其他三项奖罚	6.3 质量索赔	下道部门向上道部门索赔，由下道部门申请，质量管理部判定后全额扣减。各工序造成的客户质量索赔，除质量管理部至少承担索赔额×10%外，其余按责任大小从相关制造部（或车间）月度部门剩余可分配薪资总额中扣除	
7.年终预提	确定月度部门可兑现薪资总额	月度部门可兑现薪资总额=月度部门实际可分配薪资总额-年终预提	其中，年终预提=月度部门实际可分配薪资总额×预提比例，预提比例15%～30%
8.新增销售奖励	确定新增销售奖励额	各部门在满足公司销售计划的基础上，通过自行联系并承接其他业务，以达到增加本部门的销售，公司按新增部门销售（以回款计）占该部门销售产值的比例，加倍核算增加部门当月的月度部门可分配薪资总额、部门经理岗位收入。该部分销售的数据由财务部核实、提供，由制造部、企管办结算	

通过八步的月度部门结算，终于得到了该车间月度可兑现的薪资，车间主任可以做二次分配方案了。通过年终预提，也预留了年终奖。

§1.1.3 年度部门结算方法（指标分解、年度与月度的关系）

本来以为年终结算也会比较复杂，没想到考核方案只有一句话：年终结算以月度结算及考核为依据，根据年度指标及完成实绩，按月度结算方法进行结算。

也就是说，年终预提=∑月度年终预提。

解读笔记

一笔带过很简洁。年终奖不用再与年度指标考核挂钩了，平时就预提了，这是个好办法。

但是，年度核算指标需要分解到月度，月度部门结算才能操作。那么"年度指标及完成实绩"，又在哪里呢？

1. "年度指标及完成实绩"的依据

考核框架提到过核算指标有四个,这里需要再补充说明。考核方案说,月度各车间核算指标的确定有两点:制造成本、产量等指标,按月度分摊系数确定;其他指标与年度指标一致。

考核方案有年度各车间核算分配指标,见表1.15。

表1.15 年度各车间核算分配指标

序号	指标名称	单位	权重	制造部	金工一车间	金工二车间	金工三车间	动力车间	机加工车间
1	制造成本	万元	40%	4500	9.2	9.3	11.8	0.7	27.2
2	人均产量	时/人	40%	2800	3600	2800	2400	235	2200
3	平均人数	人	10%	227	460	290	120	80	330
4	百元产值生产资金占用	元/百元	10%	4.1	1.7	3.1	4.8	1.2	1.1
5	核定工资总额	万元		370	760	460	210	128	550

说明:制造部的指标为万元销售产值制造成本。

月度分摊率,见前面的表1.1。

月度指标=年度指标×L/100。如何快速得到各车间的1~12月的月度指标数据呢?通过Excel的固定符号$,实现快速测算。

2. 年度指标分解到月度——制造部的例子

先固定制造部对应的列。假定在Excel表中,制造部的制造成本在E列3行,则$E3。注意:$加在E前,而不是E$3,或$E$3。

再固定1月分摊系数对应的行。假定在Excel表中,1月的分摊系数在N列3行,则N$3。注意:$加在N后,而不是$N3,或$N$3。

得到1月的制造成本=$E3×N$3/100。右拉公式,得到2~12月的制造成本。选取1~12月的制造成本,下拉公式,得到所有指标的1~12月的月度指标,见表1.16。

表 1.16　制造部年度核算指标分解到月度

	1月	2月	3月	4月	5月	6月	7月	8月	9月	10月	11月	12月
制造成本	333.0	315.0	355.5	373.5	382.5	373.5	378.0	382.5	396.0	396.0	396.0	418.5
人均产量	207.2	196.0	221.2	232.4	238.0	232.4	235.2	238.0	246.4	246.4	246.4	260.4
平均人数	16.8	15.9	17.9	18.8	19.3	18.8	19.1	19.3	20.0	20.0	20.0	21.1
百元产值生产资金占用	0.3	0.3	0.3	0.3	0.3	0.3	0.3	0.3	0.4	0.4	0.4	0.4
核定工资总额	27.4	25.9	29.2	30.7	31.5	30.7	31.1	31.5	32.6	32.6	32.6	34.4

只需复制上表，把 \$E3 改为指标对应的列，按照同样的操作步骤，可以快速得到其他车间的月度指标分解表。

这就是制造成本、产量等指标分解到月度的具体操作。

3. "其他指标与年度指标一致"中的其他指标是什么？

考核方案提到：质量否决考核核定为95分，经济责任制考核核定系数0.6，主要经济指标考核核定系数0.4，质量索赔指标按实结算。

前面讲第六步时遗留了一个疑问：至于经济责任制及主要经济指标考核K，具体如何考核得到？

现在可以回答：经济责任制及主要经济指标考核K=经济责任制考核×0.6＋主要经济指标考核×0.4。

年度各部门主要经济指标考核表，限于篇幅，只举制造部的例子，见表 1.17。

表 1.17　年度部门主要经济指标考核表——制造部（模拟数据）

序号	绩效指标	权重	计分办法	数据提供	目标值
1	当月利润计划	20	每超1%，扣2分；每低1%，奖1分	财务部	≥100%
2	万元销售产值加工费	15	每超1%，扣2分；每低1%，奖1分	财务部	≤360元/万元
3	万元销售产值附件费	15	每超1%，扣2分；每低1%，奖1分	财务部	≤500元/万元
4	万元销售产值零件费	15	每超1%，扣2分；每低1%，奖1分	财务部	≤750元/万元

续表

序号	绩效指标	权重	计分办法	数据提供	目标值
5	工时物料消耗控制	10	每超1%，扣2分；每低1%，奖1分	财务部	≤3元/时
6	人均产量	15	每超1%，扣2分；每低1%，奖1分	财务部	≥9000套/人
7	工时耗电控制	5	每超1%，扣2分；每低1%，奖1分	财务部	≤0.6度/时
8	万元产值耗水控制	5	每超1%，扣2分；每低1%，奖1分	财务部	≤0.25吨/万元
	合计	100			

解读笔记

考核方案对计分方式的表述有歧义。利润、人均产量属于完成越多越好的指标（算法1），费用、成本消耗属于完成越多越差的指标（算法2）。表1.17的计分规则均是算法2。因此针对类型1（当月利润计划、人均产量）应修正为：每低1%，扣2分；每超1%，奖1分。

该公司时奖罚的加减分力度不同，奖1分，扣2分。这点从公司立场来看，无可非议，可能该公司上下都接受了这种算法。但在别的公司应用，估计阻力会很大。很多部门经理都会提出加分、减分都要一样。需要读者结合本企业的情况判断是否可以这样操作。理念不是问题，问题是被接受度。

经济责任制考核具体怎么做？1.4节再介绍。

月度结算其他指标与年度指标一致，可以理解为：各车间的质量否决指标，月度目标值=95分。各车间的经济责任制考核，主要经济指标考核的月度指标与年度目标值一样。

4.年度结算与月度结算的关系小结

现在，可以总结如下。

（1）各车间的年度指标是确定的，年度指标包括四项核算指标，与工资总额挂钩，通过薪资切块实现；还包括质量否决指标、经济责任制考核及主要经济指标考核、质量索赔，通过奖罚额增减实现。

（2）四项指标的月度指标，通过月分摊率计算分解；其他指标的月度指标，与年度指标一样。

（3）月度结算根据上述两条，可以实现。

（4）月度结算时进行月度年终预提，可以得到全年的年终奖基数=∑月度年终预提。

因此，"年终结算以月度结算及考核为依据，根据年度指标及完成实绩，按月度结算方法进行结算"这句话成立。

唯一不足是该考核方案表述的指标的概念混淆了绩效指标和目标值。制造成本、人均产量、平均人数、百元产值资金占用、质量否决考核、经济责任制及主要经济指标考核、质量索赔，是绩效指标，但与这些指标对应的年度或1~12月的表内数据是目标值（年度目标、月度目标）。这跟年份较早有关，提法陈旧。要HR理解财务起草的薪酬考核文件，确实不易。

§1.1.4　月度部门经理结算方法（年薪组成与考核对应）

好不容易介绍完了部门结算方法，现在该讲部门经理的结算方法了。部门经理的结算又是不同的思路，回归到HR常见的做法了。

先从部门经理的年薪组成说起。部门经理的年薪W=基本工资A+岗位工资B+激励收入C。基本工资由集团核定，按月预发；岗位工资按年度考核。激励收入在全年任务超额完成时发放；见表1.18。

表1.18　部门经理的年薪组成

序号	年薪组成	发放条件	考核结算周期
1	基本工资	由集团核定，按月预发	月度
2	岗位工资	年度考核	年度
3	激励收入	超额完成时发放	年度

部门经理的月度结算，实际是对年薪中的基本工资按月浮动考核。浮动依

据是本部门的月实际薪资与月薪资基数的比例。

计算公式：部门经理的月考核基本工资 A_1 = 部门经理的月基本工资 A × 调节系数 L，其中，L = 月部门实际薪资/月部门薪资基数。

测算见表1.19。

表1.19 部门经理月基本工资的考核发放

月基本工资基数 A	月部门实际薪资	月部门薪资基数	调节系数 L	月考核基本工资 A_1
元	万元	万元		元
4000	14.36	14.8	97%	3881.08

§1.1.5 年度部门经理结算方法（岗位工资、激励收入的考核）

部门经理在年终有两块收入，岗位工资和激励收入。要注意岗位工资也在年终考核发放。

考核方案说，年岗位收入考核，根据年度指标及完成实绩进行结算。激励收入的考核依据为超额完成本岗位年度目标、工作任务、重大创新工作。

> **解读笔记**
>
> 这部分的表述模糊。不清楚部门经理的年岗位收入基数多少？年岗位工资与基本工资的关系如何？年度指标是部门的年度指标还是部门年度指标与其他单独指标结合？考核分的组成权重如何？
>
> 激励收入发放的依据有，但模糊。本岗位年度目标、工作任务、重大创新工作是年初明确，还是年终事后主观考评？
>
> 与部门实行工资总额挂钩考核不同，部门经理实行的是对绩效工资的考核。基本工资、岗位工资都根据绩效考核发放。
>
> 不过，这给部门经理的年度年终奖方案预留了设计、调整的空间，每年的情况可以不同。部门的年终奖总额实际在月度时就确

> 定，两者有区别。
>
> 　　基本工资+岗位工资是期望内收入，激励收入是期望外收入。基本工资与岗位工资之间，不一定是按比例切割，因为基本工资是由集团考核确定。

§1.1.6　数据提供规定（主角与配角）

　　考核方案还有个亮点，对月度部门结算的考核数据提供规定了时限和来源，见表1.20。考核方案强调，制造部的相关数据由各车间提供给企管办1份，其他数据由各车间提供给制造部。

表1.20　月度部门考核的数据提供

相关指标	数据来源	提供时限
每月实际已发工资总额	人事部	每月7日前
每月各部核算指标实绩	财务部	每月7日前
每月各部质量否决考核	质量管理部	每月7日前
每月各部质量索赔	质量管理部	每月7日前
每月经济责任制考核	企管办	每月10日前

📝 解读笔记

> 　　这是考虑了制造部自己考核自己可能数据造假的规避措施，值得学习。
>
> 　　财务部在工厂的核算分配体系的实施中，数据提供、核算的工作量很大。看得出该公司的财务部，不仅在做财务会计的工作，也在做财务管理的工作，对工厂运营的介入比较深。
>
> 　　而企管办负责经济责任制考核，也是有特色。
>
> 　　质量管理部负责质量否决考核、质量索赔，很重要。质量索

> 赔，上道工序与下道工序之间的内部制约，有利于打通跨部门的协作，可看作流程绩效的影子。
>
> 所以说，该老牌民企的管理制度，虽然是"土办法"，但实际有先进的做法隐含在具体的措施中。
>
> HR在该公司，那时还叫人事部，只负责每月实际已发工资总额的提供，在整个考核体系的设计与实施的环节中，作用很小，处于配角的地位。
>
> 至此，该案例工厂核算分配体系介绍完了。那么，职能部门的核算分配体系，是相似思路吗，还是有所不同？

1.2 职能部门核算分配体系
（老牌民企甲的绩效考核案例解读二）

本节继续探究职能部门的核算分配体系。该上市公司的职能部门指除工厂外的各部门，包括市场部、质管部（业务科、质量科、技术科）、企管办、财务部、工程部、采购部、办公室、人事部。

从职能部门的考核框架来看，考核周期也是自然年度的1月1日至12月31日，也按部门、部门经理，月度、年度划分为四类结算方法，也由财务部解释。

同时规定，部门年度薪资包W指各职能部门的员工、经理可发放的工资、奖金、补贴等一切收入（以完成公司下达的本年度各项指标为前提）。

虽然都是核算分配体系，但职能部门的做法与工厂的不同。

§1.2.1 职能部门月度结算方法（平均奖、总薪资系数、考核系数、核算指标扣罚）

职能部门的月度薪资是以公司平均奖为基数，与部门总薪资系数、考核分数相乘，再扣减核算指标的考核扣罚。

计算公式：部门月度薪资包U=公司平均奖V×部门总薪资系数L×考核系数M-核算指标考核扣罚R。即U=V×L×M-R。

公司平均奖V的确定，考核方案没有说清楚，可理解为工厂各部门员工当月的平均奖金。

部门总薪资系数L的确定，与各部门人员定编表的岗位薪资系数、定编人数有关。

计算公式：部门总薪资系数L=岗位薪资系数p×定编人数n。即L=∑（p×n）。

测算举例如下。假定企管办当年定编为副主任1个、主管1个、专员2个，薪资系数分别是3.5、2.2、1.8，则企管办的部门总薪资系数L=9.3，见表1.21。

表1.21 企管办部门总薪资系数L测算

序号	部门	职位	编制	职位薪资系数	部门总薪资系数L
1	企管办	副主任	1	3.5	3.5
2	企管办	主管	1	2.2	2.2
3	企管办	专员	2	1.8	3.6
合计			4		9.3

方案还规定，部门的岗位编制、岗位薪资系数、部门薪资系数，原则上每年评审调整一次。日常工作中，因各种原因需调整部门薪资系数，由相关部门提出申请，经人事部核实后，报总经理审批。每月各部门实发人数、部门薪资系数，由HR于次月10日前报企管办1份。

考核系数M的确定，与职能部门的经济责任制考核有关，以部门考核分除以各部门考核平均分。

计算公式：考核系数M=部门考核分X/各职能部门考核平均分Y。即M=X/Y。

测算如下：企管办考核分89分，平均分83.00分，则M=1.07，见表1.22。

表1.22 考核系数测算——企管办

序号	职能部门	考核分X	考核系数M
1	市场部	87	1.05
2	质管部业务科	86	1.04
3	质管部质量科	83	1.00
4	质管部技术科	82	0.99
5	企管办	89	1.07
6	财务部	90	1.08
7	工程部	75	0.90
8	采购部	76	0.92
9	办公室	80	0.96
10	人事部	82	0.99
	平均分Y	83.00	1.00

Excel测算技巧提示：假定在Excel表中，考核分X在C列，企管办在7行，平均分在13行，则企管办考核系数M=C7/C$13。用"C$13"固定，上拉、下拉公式，可快速得到各部门的考核系数M。

核算指标扣罚R的确定，以核算指标扣罚规则考核。同时规定扣罚限制：扣罚上限1=部门月度薪资包×40%，单项指标的扣罚上限2=部门月度薪资包×20%。企管办的核算指标扣罚办法，见表1.23。

表1.23 企管办核算指标扣罚规则

部门	科室	核算指标	年度目标值 万元	核算方法	权重
企管办		出差费	3.7	按超额部分30%扣减部门月度薪资包	50%
		通信费	1.6	按超额部分全额扣减部门月度薪资包	50%

明确了平均奖、部门总薪资系数、考核系数、核算指标扣罚的计算规则，现在可以对职能部门的月度结算进行测算。以企管办为例，假定公司平均奖=1100元/人，则企管办的月度薪资包U_0=V×L×M=1.09（万元），见表1.24。

表1.24　企管办月度薪资包U_0的测算

公司平均奖X	部门总薪资系数Y	考核系数M	部门月度薪资包U_0
元			万元
1100	9.3	1.07	1.09

企管办月度薪资包扣罚上限1=0.44万，扣罚上限2=0.22万，见表1.25。

表1.25　企管办的扣罚上限

部门	月度部门薪资包U_0	扣罚上限1=$U_0×0.4$	扣罚上限2=$U_0×0.2$
	万元	万元	万元
企管办	1.10	0.44	0.22

根据表1.23的计算规则，企管办核算指标出差费、通信费当月实际值分别为3.9万、1.7万时，应扣罚R=(3.9−3.7)×0.3×0.5+(1.7−1.6)×0.5=0.08万，见表1.26。

表1.26　企管办核算指标扣罚R

核算指标	目标值	实际值	超额	扣罚额	扣罚比例	权重	加权扣罚额
	万元	万元	万元	万元	%	%	万元
出差费	3.7	3.9	0.2	0.06	5%	50%	0.03
通信费	1.6	1.7	0.1	0.1	9%	50%	0.05
合计			0.3	0.16			0.08

对企管办月度薪资包基数U_0结合核算指标扣罚R进行计算，得到企管办月度薪资包U=V×L×M−R=1.01（万）。见表1.27。

表1.27　企管办月度薪资包U的测算

公司平均奖X	部门总薪资系数Y	考核系数M	部门月度薪资包U_0	核算指标扣罚R	部门月度薪资包U=U_0−R
元			万元	万元	万元
1100	9.3	1.07	1.09	0.08	1.01

极端情况测算如下。假定出差费、通信费的扣罚比例为22%、37%，见表

1.28。需要做调整,取20%,见表1.29。则扣罚额R=0.22万。调整后的企管办月度薪资包R=0.87万元,见表1.30。

表1.28　单项指标扣罚比例超过20%的情况

核算指标	目标值	实际值	超额	扣罚额	扣罚比例	权重	加权扣罚额
	万元	万元	万元	万元	%	%	万元
出差费	3.7	4.5	0.8	0.24	22%	50%	0.12
通信费	1.6	2	0.4	0.4	36%	50%	0.2
合计			1.2	0.64			0.32

表1.29　调整:单向指标扣罚比例取上限2=20%

核算指标	目标值	实际值	超额	扣罚额	扣罚比例	权重	加权扣罚额
	万元	万元	万元	万元	%	%	万元
出差费	3.7	4.5	0.8	0.22	20%	50%	0.11
通信费	1.6	2	0.4	0.22	20%	50%	0.11
合计			1.2	0.44			0.22

表1.30　企管办调整后的月度薪资包测算数据

公司平均奖X	部门总薪资系数Y	考核系数M	部门月度薪资包U_0	核算指标扣罚R	部门月度薪资包$U=U_0-R$
元			万元	万元	万元
1100	9.3	1.07	1.09	0.22	0.87

限于篇幅,除企管办外,其他各职能部门的核算指标扣罚规则,不展开介绍。

§1.2.2　职能部门的年终结算方法(年薪减预发)

职能部门的年终结算是年薪减平时预发。

计算公式:部门年终薪资包D=部门年度薪资包C-平时预发收入B。平时预发收入为部门月度薪资包之和,即B=∑U,容易确定。假定企管办平时预发收入=15万。

部门的年度薪资包C以公司员工平均年收入为基数，与部门总薪资系数、年度考核系数相乘。

计算公式：部门年度薪资包C=公司员工平均年收入N×部门总薪资系数L×年度考核系数T。即C=N×L×T。

考核方案没有明确提及公司员工平均年收入如何确定，应该是工厂的员工平均年收入。假定当年数据为3万。

部门总薪资系数L在月度结算方法中已明确，企管办的总薪资系数L=9.3。

年度考核系数T根据平时月考核分与年度目标考核各50%权重进行计算，年度考核系数=月度考核平均分×0.5+年度目标工作完成率×0.5。年度目标完成率为年初分解到部门的预算指标、重点创新工作完成情况。

测算如下。企管办1～12月的考核系数，见表1.31。得到部门月考核平均系数=0.96。

表1.31　企管办月考核平均系数

1月	2月	3月	4月	5月	6月	7月	8月	9月	10月	11月	12月	平均
1.07	0.9	1.1	0.88	1.05	1	1	1.1	0.78	0.82	0.89	0.98	0.96

假定企管办年度目标完成率=98%，则企管办的年度考核系数T=0.96×0.5+0.98×0.5=0.97。企管办的年度薪资包C=3×9.3×0.97=27.06万，见表1.32。

表1.32　企管办年度薪资包C的测算

公司员工平均年收入N	部门总薪资系数L	部门月考核平均系数G	部门年度目标完成率H	部门年度考核系数T	部门年度薪资包D
万元			%		万元
3	9.3	0.96	98%	0.97	27.06

计算得到，企管办的年终薪资包D=企管办的年度薪资包C−平时预发收入B=27.06−15=12.06万。

> **解读笔记**
>
> 职能部门与工厂核算分配体系的区别在于：工厂年度核算是虚的，因为年终结算通过月度预提直接计算，两者是比例的关系。职能部门年度核算是实的，年终结算＝年度结算－平时预发，是扣除的关系。而年度考核系数为平时月度考核、年度考核各占50%权重。
>
> 相同之处在于，都是对工资总额进行浮动，而不是只针对绩效工资部分。
>
> 而职能部门的薪资与工厂的薪资有联系，即通过平均奖设置。也就是说，职能部门的月度薪资包首先取决于工厂当月的平均奖多少，职能部门的年度薪资包取决于工厂全年的员工收入的多少。这就把职能部门的眼球吸引到去关注工厂产值和效益。后面第3章将要介绍的老牌民企丙集团也有类似做法。
>
> 部门总薪资系数的引入是很好的办法，因为每年的人员定编是确定的，实际人数可控制、压缩，人均薪资就有提高的空间，会引导用尽可能少的人工，完成或超额完成工作，大家的薪资收入可以提高。
>
> 每个岗位的薪资系数是通过公司的薪酬体系（常见的薪点制）实现。

§1.2.3 职能部门经理的月度结算方法（年薪组成与考核对应）

先介绍职能部门经理的薪资组成（副总参照执行）。部门经理实行年薪制，年薪组成W＝基本工资A＋岗位工资B＋激励收入C。基本工资由集团核定，按月预发；岗位工资按年度考核；激励收入在全年任务超额完成时发放；见表1.33。

职能部门经理的月基本工资不考核。这点与工厂的部门经理需要月度考核不同。但对HR来说，这是很常见的做法。因此，职能部门经理的月度实际不需要结算，只是发工资。

表1.33 职能部门经理的年薪组成与考核

序号	年薪组成	发放条件	考核结算周期
1	基本工资	由集团核定，按月预发	月度
2	岗位工资	年度考核	年度
3	激励收入	超额完成时发放	年度

§1.2.4 职能部门经理的年终结算方法（年薪减预发）

职能部门经理的年终结算是年薪扣减平时预发。

计算公式：职能部门经理年终薪资包S=部门经理年度薪资包E-平时预发收入。

假定企管办主任平时预发收入=6万。由于基本工资A不考核，E-A就是岗位工资B+激励收入C，记为S。

企管办主任的年终考核薪资包S就是对岗位工资进行年度考核，结合激励收入得到的。

计算公式：职能部门经理年度考核薪资包S=岗位工资B×年度考核系数Q+激励收入C。其中，年度考核系数Q=部门经理月度考核平均分×0.5+年度指标工作完成率×0.5。

激励收入根据各职能部门经理分管内容、年度指标、重点创新工作的超额完成情况确定。

测算如下。企业办主任基本工资6万，岗位工资基数4万，月度考核平均系数0.98，年度目标完成率96%，则年度考核系数=0.96×0.5+0.98×0.5=0.97。岗位工资考核后=B×M=3.88万。假定年终考评后的激励收入C=0.8万，则企管办主任的年终薪资包=B×M+C=4.68万元，见表1.34、表1.35。

表1.34 企管办主任目标年薪

基本工资A	岗位工资B	激励收入C
万元	万元	万元
6	4	0.8

表1.35　企管办主任年终薪资包测算

岗位工资B	职能部门经理的月度考核平均系数G	职能部门经理的年度目标完成率H	职能部门经理的年度考核系数M	B×M	S=B×M+激励收入C
万元		%		万元	万元
4	0.98	0.96	0.97	3.88	4.68

职能部门的考核计算，由企管办负责，而不是HR。由财务部每月10日前提供相应的预算、决算数据，企管办负责计算。

§1.2.5　职能部门与工厂的核算体系的比较

核算分配体系是个整体，虽然工厂、职能部门的核算分配体系单独介绍，但职能部门的核算是建立在工厂核算分配基础上的，即平均奖设置。

工厂年终结算通过月度结算预提实现，年度结算不需要操作计算。职能部门年终结算通过年度结算扣减平时预发（月度结算），其年度结算需要操作计算。

职能部门与工厂的部门经理的薪资都采取了年薪制，薪资组成都是基本工资+岗位工资+激励收入。基本工资+岗位工资的基数事先确定，属于期望内收入，激励收入属于期望外收入。工厂的各部门经理的基本工资还要月考核，职能部门经理的基本工资不考核。

部门的薪资结算，不管是工厂还是职能部门，都是工资总额的整体挂钩浮动。而部门经理的薪资结算，是绩效工资部分的挂钩浮动。但工厂的车间主任，基本工资也需考核。

部门经理的年度指标、工作目标，不完全是部门的年度指标，工作目标需单独设立。这与有的企业把部门经理的KPI等同于部门KPI的做法有所不同。

在年度与月度考核分的关系上，月考核平均分与年度考核分权重各占50%。月考核系数采取了部门之间的横向比较方式，即某部门/各部门平均分，这种方法也叫比平均法（还有比高法、比低法，都是互相比赛），而不是部门实际值与目标值的自身比较，如实际分/目标分。

介绍完了核算分配体系的分析和测算，还剩最后一个问题：经济责任制考核如何操作？经济责任制考核的分数如何影响工厂各部门及职能部门的薪资结算？

1.3 经济责任制考核
（老牌民企甲的绩效考核案例解读三）

关于经济责任制考核得到的考核分数在核算分配体系的计算中怎么体现，需回顾第1、2节的相关内容：第1.1节的月度部门结算方法中提到：月度部门可兑现薪资I=∑单项指标的月度可分配薪资F−平时预发工资H−（质量否决考核J+经济责任制考核及主要经济指标考核K+质量索赔M）。

所以，经济责任制及主要经济指标考核K是核算分配中的三项奖罚之一。

K=经济责任制考核K_1×0.6+主要经济指标考核K_2×0.4。K_1、K_2实质是考核引起的奖罚额。

第1.2节的月度职能部门结算方法中提到：M通过职能部门的经济责任制考核确定，M=部门考核分X/各职能部门考核平均分Y，即M=X/Y。测算如下。企管办考核分89分，平均分83.00分，则M=1.07。

这里提及的企管办考核分89，平均分83.00，就需要通过职能部门经济责任制考核计算得到。

一句话，经济责任制考核是核算分配体系的一个配套组成部分。

§1.3.1 经济责任制考核的框架（实质、依据、考核分基数）

工厂的经济责任制考核包括：工厂、各车间。职能部门的经济责任制考核包括：工厂供应科、质量管理部（另单独有质量科、技术科、业务科）、人事部、办公室、工程部、营销公司、财务部、市场部。

经济责任制考核由企管办负责具体实施、解释。

1. 经济责任制考核的实质是什么？

前面两节的核算分配体系十分复杂，现在需要简化。经济责任制考核到底是什么类型的考核？与HR常见的KPI、平衡记分卡、360度考核、工作目标考核（目标管理）比较，是完全不同的方法，还是与其中一种相似？

仔细研究后发现：所谓经济责任制考核的实质是部门职责的考核（细化到每个职责对应任务）和工作目标的考核，考核是扣分（原则上没有加分）。可以说，经济责任制考核就是工作目标考核，只是把细化工作做到了极致。

> **解读笔记**
>
> 德鲁克提出的目标管理传入中国后结合考核，叫工作目标。而中国企业尤其是国企，在改革早期常采取承包制、经济责任制考核。
>
> 过去，HR在考核量化方面有句老话，叫能量化的量化，不能量化的细化。经济责任制考核正好把细化功夫做到了家。

2. 经济责任制考核的依据是什么？

考核方案说，经济责任制的考核依据有五类来源：①各部门经济责任制考核条文；②总经理、副总经理日常布置工作的实施进展情况；③年度经济工作会议所确定的各部门目标及重点工作；④每周例会应决而未决的问题；⑤平时监督检查、信息传递、制度执行过程中发现的问题。

> **解读笔记**
>
> 第一点各部门经济责任制考核条文，是通过各部门职责细化到任务固定下来的。后面四项是阶段性的各种工作目标，包括上级布置、年度会议、周例会、平时检查。

3.经济责任制的考核分基数

前面提到,经济责任制考核是扣分。那么各部门考核分的基数是多少?

在职能部门核算分配体系方案中提及经济责任制考核时规定:各部门考核分基数100分,其中质管部技术科120分,企管办为各职能部门考核分基数的平均分+10分。

而在经济责任制考核方案中提及,对质管部的考核分基数100分,各分管职能科室(业务科、技术科、质量科)满分为70分。采购部(制造部供应科)按部门级进行100分考核。

> **解读笔记**
>
> 质管部技术科的考核分基数是120分还是70分,有矛盾之处。假定选取质管部100分,质管部技术科120分,质管部业务科70分,质管部质量科70分。

测算如下。经济责任制考核各部门考核分的基数,见表1.36

表1.36 各部门考核分基数

部门类型	部门	科室	考核分基数
职能部门	市场部		100
	质管部		100
	质管部	业务科	70
	质管部	质量科	70
	质管部	技术科	120
	企管办		107.5
	财务部		100
	工程部		100
	采购部		100
	办公室		100
	人事部		100

续表

部门类型	部门	科室	考核分基数
工厂	制造部		100
	金工一车间		100
	金工二车间		100
	金工三车间		100
	动力车间		100
	机加工车间		100
平均分1			97.5
平均分2			98.1

注：平均分1剔除企管办。

4. 数据提供规定（各部门考核关系）

各部门被考核与考核（数据提供）的关系如何呢？

各部门有权按考核条文对职能部门、科室进行考核；各部门不能对相关部门进行直接考核的，可提供依据由企管办进行考核。质管部考核后由部门经理按责任分解到具体科室，汇总形成各科的考核结果。

考核部门必须按相关考核条文提供考核数据，数据提供可即时提供或定时提供，数据必须真实，未按考核要求对相关部门进行考核或数据失实的，应与责任部门同等考核。

考核工作会议每月11日下午14:00举行。考核会议开始先进行签到，会议只宣布考核结果，不得进行争论或互相联合抵制。会后原则上不得进行审批加分。

> **解读笔记**
>
> "会议只宣布考核结果，不得进行争论或互相联合抵制。会后原则上不得进行审批加分。"这条非常有意思，看得出老板很强势。

§1.3.2　年度部门经济责任制的考核样表和操作表单

经济责任制考核的表单与HR常见的KPI考核表（绩效计划表）的表式组成类似。

年度部门经济责任制考核表，见表1.37

表1.37　年度部门经济责任制考核表样式

序号	考核指标	权重	扣分规则	考核部门

下面看一个工厂制造部的年度部门经济责任制考核表实例，见表1.38。

表1.38　制造部年度部门经济责任制考核表实例

序号	考核指标	权重	扣分规则	考核部门
1	1）每月月底前上报工厂生产作业领交计划，计划准确率按品种计算必须达到90%；2）每天必须编制生产领交作业计划及领交计划执行；3）各车间必须严格按领交作业计划组织生产；4）对用户需要的加急产品必须按总部的进度计划按时产出；5）对当日转道产品，领发员必须对同一产品放置在同一铲板中，只能在超过规定计数时方可在另一铲板放置，当日转道的同一产品不得超过2个批次；6）严格控制超计划，3000套内产品控制在6%以内，3000套以下产品必须控制在3%以内	30	1）不报无分，准确率每低1%，扣1分。2）不编制，每天扣1分。3）每迟交1个品种，扣2分。4）未按进度计划转道，扣2次/种；对同一产品未满铲板规定计数而放置多块铲板，发现一次扣1分；每超1个品种，扣1分	工厂、各车间
2		15		
3		10		
4		10		
5		15		
6		10		
7		10		
合计		100		

再看一个职能部门——质管部的年度经济责任制考核表实例,见表1.39。

表1.39　质管部经济责任制考核表实例

序号	考核指标	权重	扣分规则	考核部门
1	正常生产情况下,月排产品种不得超过100种,淡季每月排产品种不得大于150种	10	按排产品种计算,每超10个品种扣1分	企管办
2		30		
3		30		
4		30		
合计		100		

限于篇幅,工厂其他车间、职能部门其他部门的年度经济责任制考核表,略过不讲。

但对于每家企业来说,如何真正做到各部门的职责、阶段性的工作目标都能细化到非常详细的地步,才是关键所在。

经济责任制考核,方法容易理解,但需要各家企业下功夫去制定,并积累、修订出符合实际、能够管控到各环节的细则。

除了经济责任制考核表,还需要配套的经济责任制考核操作流程要用到的表单。

经济责任制考核执行通知,见表1.40。

表1.40　经济责任制考核执行通知

被考核部门	考核内容	扣分
考核部门提出的整改要求		
核实及处理意见		
备注		
部门: 主送:企管办 抄送(填写):	(盖章)	年　月　日

考核部门月考核数据提供表，见表1.41。

表1.41 考核部门月考核数据表

被考核部门	条文	考核简要原因	扣分情况	备注

说明：1.此表每月8日前交企管办考核组，逾期1天扣1分；2.考核期间为相邻两月的8日之间；3.如涉及被考核部门负责人请在备注栏中注明

负责人签名（盖章）：

§1.3.3 各部门的年度指标分解到月

各部门的年度经济责任制考核表条文中，某些年度指标需要分解到月度，才能进行月度的经济责任制考核。

质管部技术科的年度研发、新产品指标按月分解表，见表1.42。

人数控制的年度指标分解到季度，见表1.43。

各部门年度指标的产值、销售、利润、投资按月分解表，见表1.44。

表1.42 质管部技术科XX年度研发、新产品指标按月分解表

指标项目	单位	年目标值	1月	2月	3月	4月	5月	6月	7月	8月	9月	10月	11月	12月
研发项目数	个	61	3	3	5	5	6	5	8	5	5	4	7	5
研发效益	万元	380	10	15	15	20	20	30	30	40	50	50	50	50
新产品研发	种	175	45			40			40			50		
一级标准产品	种	19	4			4			5			6		

表1.43 人数控制年度指标按季分解表

1季度末	2季度末	3季度末	4季度末
420	390	370	345

注：每超1人扣1分

表1.44　各部门年度指标：产值、销售、利润、投资按月分解表

被考核部门	绩效指标		1月	2月	3月	4月	5月	6月	7月	8月	9月	10月	11月	12月	合计
工厂	产值														
营销部	销售														
质量管理部（考核总体）、市场部（考核配套）	含税销售额	维修													
		配套													
		出口													
		外购件													
		小计													
财务部	上市公司利润	利润													
投资部	投资													

注：本表利润总额为自营业务利润加短期投资收益，不包括长期投资收益及保税区补贴收入

1.4　核算分配体系与经济责任制考核的设计逻辑
（工厂、职能部门）

1. 工厂核算分配体系与经济责任制考核的设计逻辑

计算公式：部门年度实际薪资包=部门年度考核薪资包−质量考核扣罚−（经济责任制考核×0.6+主要经济指标考核×0.4）−质量索赔。其中，部门年度考核薪资包=制造成本的考核薪资+人均产值的考核薪资+平均人数的考核薪资+百元产值资金占用的考核薪资。

单项指标的薪资基数=部门年度薪资包×比例，单项指标的考核薪资根据单项指标的薪资基数，结合具体的扣罚或加分规则分项计算。

工厂核算分配体系与经济责任制的设计逻辑，见图1.2。

2. 职能部门核算分配体系与经济责任制考核的设计逻辑（见图1.3）。

关于老牌民企甲集团的经典考核文件"核算分配体系与经济责任制考核"的解读，就到这里。第2章继续探究另一个老牌民企乙集团也很有本土特色的考核综合方案。

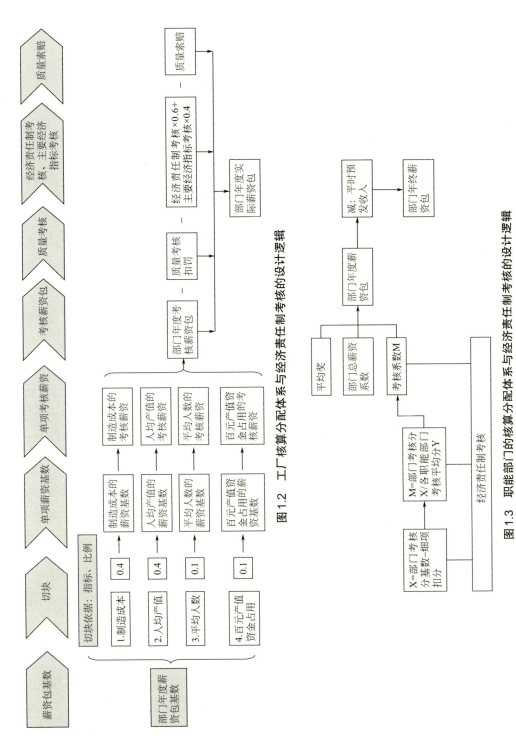

图1.2 工厂核算分配体系与经济责任制考核的设计逻辑

图1.3 职能部门的核算分配体系与经济责任制考核的设计逻辑

第2章
分公司工资总额与业绩挂钩

（老牌民企乙的绩效考核案例解读）

长三角地区的老牌民企乙集团，有约30年的历史，产值规模几百亿，人员规模数万人。下设分公司众多，老板集权、强势。在经济形势不好的情况下，该集团的效益仍然十分看好。乙集团对分公司实施以承包制为主的考核制度，包括工资总额挂钩、经济责任书、管理的五大方面考核，特色鲜明。

这套分公司考核方案全部用Excel套表制定、计算，初看起来颇为复杂。仔细研究后发现它的设计逻辑是：先核定各分公司的工资总额基数（产量工资），再确定各分公司的考核得分，再确定各分公司的综合系数。产量工资根据产品单价和产量计算，考核分根据基准分减管理的五大方面细项扣分计算，综合系数的确定比较模糊。

第1章甲集团的案例讲了一个上市公司对工厂内设部门、公司各职能部门的绩效考核与薪资挂钩办法。乙集团的分公司也是工厂。乙集团的案例要讲的是以上百个分公司（工厂）为独立核算单位的绩效考核与薪资挂钩办法。与甲集团的工厂核算分配体系的不同之处在于：核算指标甲集团的工厂选取了4个

（制造成本、人均产量、平均人数、百元产值资金占用），而乙集团的工厂只选取了1个指标（产量）作为核算分公司年度薪资包的依据；其他的指标都进入了综合考核得分，上下浮动；薪资包也没有切块，而是采用了常规的薪资总包。

经济责任书是承包制方案的协议，确定了五大方面及细项的绩效指标和目标值。在评价方法上，采取了定量和定性结合的方式：通过量化考核标准实现计分，通过日常抽查（抽查表+现场抽查）实现评分。指标很多、很细，扣分规则也很细。评定抽查的扣分、加分都有详细记录。两者的区别是，甲的经济责任制考核只有扣分，而乙是扣分、加分都有。

在五大管理方面考核中，生产、质量、设备，外加财务、思想政治，KPI的选取符合工厂的实际。

考核方案中有一张分公司管理人员月度奖金计算表，可以看到：应发工资奖金U=产量工资W×考核得分X/100×综合系数L。人均奖金V=应发奖金U/人数N。

分公司承包方案（经济责任书）中的第三类指标叫人员定编与工时定额，可以看到：计件工资=∑（产品单价×产量），人均奖金=计件工资/人数，基本工资=人均月基本工资×12×人数/10000。下面分别详细介绍分公司管理人员的奖金计算、分公司承包方案（经济责任书）、五大管理方面考核标准。

2.1　分公司管理人员奖金计算
（老牌民企乙的绩效考核案例解读一）

分公司管理人员奖金计算有三个步骤：①每方面考核得分；②五大方面考核分汇总；③分公司管理人员奖金计算。以下均为模拟数据。

1. 第一步——每方面的考核得分

（1）生产管理方面考核得分

生产管理考核，权重25分，其中：量化考核10分，评定考核15分，另加两个专项扣罚。模拟数据见表2.1。

表2.1 生产管理考核得分

分公司	量化考核 10 分	评定考核 15 分	总经办扣罚	能源巡检扣罚	合计得分 25 分	备注 总经办、能源巡回检查扣罚每200元折合成1分。	备注
分公司1	10.53	14.73			25.26		工伤事故
分公司2	10.16	15.00			25.16		
分公司3	10.16	15.00			25.16		
分公司4	10.23	15.00			25.23		
分公司5	10.80	15.00			25.80		

（2）质量管理方面考核得分

质量管理考核，权重25分。先对5个指标量化考核（用户投诉率、市场抽样、报损率、一次检验合格率、质量事故）采用10分制，再扣罚专项（当月质量总结未提交扣0.2分），最后转化为25分制得分。得分2=得分1/10×25，模拟数据见表2.2。每项指标的得分略。

表2.2 质量管理考核得分

分公司	用户投诉率	市场抽样	报损率	一次检验合格率	质量事故	得分1：10分	得分2：转换为25分	备注
分公司1						9.80	24.50	当月质量总结未交，扣0.2分
分公司2						9.80	24.50	当月质量总结未交，扣0.2分
分公司3						10.00	25.00	
分公司4						9.80	24.50	当月质量总结未交，扣0.2分
分公司5						10.00	25.00	

（3）设备管理方面考核得分

设备管理考核得分，权重25分，其中，日常检查考核占15分，量化考核占10分。

日常检查考核采用100分制，资产管理、计量管理、设备制度及网络落实、设备管理维护采用扣分，协作奖励采用加分。得分1的计算公式：得分1=（100+加分−扣分）/100×15。量化考核10分，设备检修率占1分，设备完好率占2分，故障事故占5分，机物料消耗率占2分。得分2的计算公式：得分2=∑单项得分。

合计得分=得分1+得分2。

表2.3　设备管理考核得分

分公司	日常检查考核（15分）							量化考核（10分）					合计得分
	基准分	资产管理	计量管理	设备制度及网络落实	协作奖励	设备管理维护	得分1	设备检修率	设备完好率	故障事故	机物料消耗率	得分2	
	百分制	扣分	扣分	扣分	加分	扣分	15分	1分	2分	5分	2分	10分	25分
分公司1	100	0	0	0	1	−1	15.00	1	2	5	2	10.00	25.00
分公司2	100	0	0	−1	0	−1	14.70	1	2	5	1.6	9.60	24.30
分公司3	100	0	0	0	1	−2	14.85	1	2	5	2	10.00	24.85
分公司4	100	0	0	0	0	0	15.00	1	2	5	2	10.00	25.00
分公司5	100	0	0	0	0	0	15.00	1	2	5	1.8	9.80	24.80

（4）财务管理方面考核得分

财务管理考核，权重15分，其中，量化考核5分，评定考核10分。模拟数据见表2.4。

表2.4　财务管理考核得分

分公司	量化考核	评定考核	合计得分	备注
	5分	10分	15分	
分公司1	4.9	10	14.90	
分公司2	5	10	15.00	
分公司3	5	10	15.00	
分公司4	5	10	15.00	
分公司5	5	10	15.00	

（5）人事、思想政治方面考核得分

人事考核占5分，思想政治考核占5分。模拟数据见表2.5。

表2.5　人事管理考核得分

分公司	人事得分	思想政治得分	合计得分	备注
	5分	5分	10分	
分公司1	5.2	5	10.2	本月无扣罚
分公司2	5	5	10	
分公司3	5	5	10	
分公司4	5	5	10	
分公司5	5	5	10	

2. 第二步——得分汇总

在Excel表中，跨页链接设置公式。生产管理得分的子表重命名为"表4.1-1"。假定生产管理在B列，分公司1在4行，则分公司1的生产管理得分的Excel公式设置为：B4='表4.1-1'!F4。分公司1的其他四个方面得分也如此操作。

分公司1的合计得分的Excel公式设置为：G4=SUM（B4:F4）。分公司1的各栏下拉公式，得到分公司2～5的所有数据，见表2.6。

表2.6　五大方面考核分数汇总

分公司	生产管理	质量管理	设备管理	财务管理	人事政治	合计考核分	备注
	25分	25分	25分	15分	10分	100分	
分公司1	25.26	24.50	25.00	14.90	10.20	99.86	工伤事故
分公司2	25.16	24.50	24.30	15.00	10.00	98.96	
分公司3	25.16	25.00	24.85	15.00	10.00	100.01	
分公司4	25.23	24.50	25.00	15.00	10.00	99.73	
分公司5	25.80	25.00	24.80	15.00	10.00	100.60	

3. 第三步——奖金计算表

设置分公司管理人员的奖金计算表，见表2.7。

计算公式：应发工资=产量工资×考核得分/100×综合系数。人均奖金=应发工资/人数。

表2.7　分公司管理人员奖金计算

分公司	人数	产量工资	考核得分	综合系数	应发奖金	人均奖金	正式工人数
	个	元	分		元	元/人	人
分公司1	40	60000	99.86	1.181	70762	1769	117
分公司2	35	50000	98.96	1.200	59374	1696	122
分公司3	20	45000	100.01	1.200	54003	2700	
分公司4	30	25000	99.73	1.190	29671	989	25
分公司5	20	30000	100.60	1.230	37123	1856	17
合计	145	210000			250933	1731	281

假定应发工资在F列，分公司1在4行，分公司1的应发工资的Excel公式设置为：F4=C4×D4×E4/100。分公司1的人均奖金的Excel公式设置为：G4=F4/B4。人数（指分公司管理人员）、产量工资，录入数据。下拉公式，得到分公司2～5的所有数据。

正式工人数（指生产工人）是参考数据，与产量工资联系，可得到人均产量工资，也可以关注控制每个分公司的正式工与管理人员的配比关系是否合理。

> **解读笔记**
>
> 因为没有看到具体的文字制度，只能通过Excel表去分析、还原。
>
> 模拟情况只举了5个分公司，实际操作每月要计算100～200家分公司，工作量很大。看得出工作人员为方便其每月计算，把考核制度的要点在Excel操作表中设置了公式、跨页链接等。
>
> 每个分公司的人员划分为正式工和管理人员两类，正式工指生产工人的一部分，应该还有临时工（劳务派遣等形式）。每个分公司的管理人员的编制，与产量总额、正式工人数应该有内定的配比关系。应发奖金=管理人员对应的产量工资×考核分/100×综合系数。

> 综合系数是差异系数，综合考虑了100～200家分公司的规模、效益、设备好坏、地区经济发达等因素设置，目的是横向平衡，体现公平性。如何评定，应该有个办法或评定表，但看不到。读者可以去考虑：有多家分公司的大集团，这种综合系数是如何设计评定因素和权重，如何打分，最后得到综合系数呢？
>
> 考核分是五大方面考核的汇总，考核分=Σ每方面考核得分，容易理解。每方面的考核得分是把具体指标的计分规则落到Excel表链接数据，值得学习。五大方面的具体考核细则，将在第2.3节详细介绍。
>
> 分公司的工资总额与业绩挂钩，主要通过经济责任书实现，也就是承包协议。这部分是一个更加复杂、系统的Excel套表，很多目标值的下达实际是年度经营计划与预算编制的工作，是企管办（运营管理部等）的拿手好戏，值得HR学习。

2.2　分公司经济责任书
（老牌民企乙的绩效考核案例解读二）

分公司承包方案提供了集团对分公司的年度绩效指标和目标值，月度的绩效指标和目标值，等于是部门绩效协议（含目标值）。而且把指标之间的关系、目标之间的数据关系如何产生明确下来。这为后面的绩效考核（五大管理方面考核）与工资总额挂钩的奖金计算提供了依据。

§2.2.1　经济责任书七类指标和套表简化说明

分公司承包方案以经济责任书形式签订。下面就介绍经济责任书的内容。

主要经济责任指标有七类：①主要经济指标。②产量产值。③人员定编与工时定额。④能源消耗指标与成本。⑤各项费用开支定额。⑥单位产品成本。⑦原辅材料消耗与成本。见表2.8。

表2.8 分公司承包方案（经济责任书）七大类指标

指标类别	指标类别名称	指标	指标细项
第一类	主要经济指标	销售收入	
		利润	
		增值税	
		利润率	
第二类	产量、产值	产量	
		产值	
第三类	人员定编、工时定额	人员定编	
		工时定额	
第四类	能源消耗指标、成本	能源消耗指标	
		成本	
第五类	各项费用开支定额	售价	
		材料	原材料
			辅助材料
		能源动力	水
			电
			气
		工资	固定工资
			计件工资
			三项奖金
			工资附加费
		制造费用	物料消耗
			低值易耗品
			修理费
			检验费
			劳动保护费
			运输费

续表

指标类别	指标类别名称	指标	指标细项
第五类	各项费用开支定额	制造费用	内部费用
			其他费用
			环境保护费
			财产保险费
			折旧费
		管理费用	办公费
			出差费
第六类	单位产品成本	单位产品成本	
第七类	原辅材料消耗、成本	原材料消耗	
		辅助材料消耗	
		原材料成本	
		辅助材料成本	

乙集团分公司承包方案的Excel套表比较复杂，产品类型十多个，原辅材料几十种规格，涉及十多个分公司，且具体举例的分公司包含三家工厂，需合并数据。费用科目也比较多，部分公式链接、加权计算跨页多。

本书的演示套表做了简化，只选取一个单一分公司，产品选3种，每个产品的原材料、辅助材料也只选取2～3个。部分数据和链接做了简化处理。

§2.2.2 模拟数据结果

表单包括八类子表：主要经济指标四项，产量产值、人员定编与工时定额、能源消耗指标与成本、各项费用开支定额、单位产品成本、月产量费用利润计划表、原辅材料指标成本。录入数据后，根据公式设置链接，产生数据。

1. 主要经济指标的模拟数据

四项主要经济指标的模拟数据结果，见表2.9。

计算公式：利润率=利润/销售收入。

表2.9 四项主要经济指标的模拟数据结果

核算指标	销售收入	利润	增值税	利润率
	万元	万元	万元	%
目标值	10030.50	2541	1560.17	25.33%

2.产量产值的模拟数据

产量产值的模拟数据结果，见表2.10。

计算公式：产值＝产量×单价。

表2.10 产量产值的模拟数据结果

产品名称	产量	单价	产值
	（万瓶）	（元/瓶）	（万元）
产品1	12520	0.500	6260.00
产品2	6110	0.400	2444.00
产品3	3790	0.350	1326.50
合计	22420		10030.50

3.人员定编、工时定额的模拟数据

人员定编、工时定额的模拟数据结果，见表2.11。

计算公式：计件工资总额＝产量×单价＝万瓶产量×万瓶工资/10000。

除以10000，是因为计件工资总额是万元。

基本工资总额＝人数×人均基本工资/10000，除以10000的原因同上。

表2.11 人员定编、工时定额的模拟数据结果

	项目	人数	人均基本工资	基本工资总额
基本工资		个	元/月	万元
	正式工	300	1410	42.30
计件工资	产品名称	产量	万瓶工资	计件工资总额
		万瓶	元/万瓶	万元
	产品1	12520	110	138
	产品2	6110	120	73
	产品3	3790	90	34
	合计	22420		245

4.能源消耗指标成本的模拟数据

能源消耗指标成本的模拟数据结果，见表2.12。

计算公式：成本=消耗定额×单价。

表2.12　子表1.4——能源消耗指标成本的模拟数据结果

产品名称	项目	单位	消耗定额 单位/万瓶	单价 元/单位	成本 元
产品1	水	吨	4.00	1.50	6.00
	电	度	160.00	0.50	80.00
	气	立方米	0.25	90.00	22.50
	合计				108.50
产品2	水	吨	3.80	1.50	5.70
	电	度	150.00	0.50	75.00
	气	立方米	0.28	90.00	25.20
	合计				105.90
产品3	水	吨	4.20	1.50	6.30
	电	度	165.00	0.50	82.50
	气	立方米	0.30	90.00	27.00
	合计				115.80

5.各项费用开支定额的模拟数据

各项费用开支定额的模拟数据结果，见表2.13。

计算公式：

销售收入=∑产量×售价/10000。除以10000，是因为费用总额单位为万元。

物料消耗费用总额=∑（单位费用标准×产量）。除以10000，是因为费用总额的单位是万元。

附加工资费=（固定工资+计件工资+三项奖金）×估算计提比例。0.39是预估比例，也就是社保公积金及其他福利。

计件工资总额=∑（产值×计件单价）/10000。

三项奖金=人数×人均奖金标准/10000。人均奖金标准估算5000元/人，除以10000是因为单位的换算。

表2.13 各项费用开支定额的模拟数据结果

项目	单位费用标准（元/万瓶）			费用总额（万元）
	产品1	产品2	产品3	
售价	5000.00	4000.00	3500.00	12594.50
原材料	350.46	163.53	161.80	676.80
辅助材料	153.23	91.00	14.64	92.56
材料小计	503.69	254.53	176.44	769.37
水	6.00	5.70	6.30	13.38
电	80.00	75.00	82.50	262.27
气	22.50	25.20	27.00	65.03
能源动力小计	108.50	105.90	115.80	340.68
固定工资				42.30
计件工资	110.00	120.00	90.00	245.15
三项奖金				150.00
工资附加费				170.61
工资小计				608.06
物料消耗	22.00	45.00	50.00	73.99
低值易耗品	3.00	4.00	5.00	8.10
修理费	3.00	20.00	30.00	27.35
检验费	1.00	0.50	0.80	1.86
劳动保护费	3.00	2.00	2.00	5.74
运输费	2.00	2.00	3.00	4.86
内部费用	1.00	0.60	0.60	1.85
其他费用	8.00	15.00	15.00	24.87
环境保护费				1.00
财产保险费				1.00
折旧费				280.00
制造费用小计				430.60
办公费				50.00
差旅费				70.00
待业保险费				4.00
劳动保险费				40.00

续表

项目	单位费用标准（元/万瓶）			费用总额（万元）
	产品1	产品2	产品3	
工会经费				20.00
职工培训费				10.00
董事会费				10.00
中介结构费				10.00
咨询费				5.00
诉讼费				0.00
业务招待费				30.00
税金				20.00
场地使用费				0.00
技术转让费				0.00
无形资产摊销				0.00
其他资产摊销				50.00
研究发展费				10.00
排污费				10.00
矿产资源补偿费				0.00
存货盘盈盘亏				0.00
坏账准备				2.00
存货跌价准备				0.00
其他				0.00
管理费用小计				341.00
运输费用	200	1000	1000	1240.40
费用合计				3730.10

6. 单位产品成本的模拟数据

单位产品成本的模拟数据结果，见表2.14。

表2.14　单位成品成本的模拟数据结果

项目	产品1	产品2	产品3
原材料	350.46	163.53	161.80
辅助材料	153.23	91.00	14.64

续表

项目	产品1	产品2	产品3
材料小计	503.69	254.53	176.44
固定工资	5.63	13.85	70.69
计件工资	110.00	120.00	90.00
三项奖金	19.97	49.10	250.66
福利费	52.88	71.35	160.42
工资小计	188.48	254.29	571.77
水	6.00	75.00	6.30
电	80.00	25.20	82.50
气	22.50	105.90	27.00
能源动力小计	108.50	206.10	115.80
机物料	22.00	45.00	50.00
低耗品	3.00	4.00	5.00
修理费	3.00	20.00	30.00
检验费	1.00	0.50	0.80
劳动保护费	3.00	2.00	2.00
运输费	2.00	2.00	3.00
内部费用	1.00	0.60	0.60
其他费用	8.00	15.00	15.00
变动制造费用小计	43.00	89.10	106.40
环境保护费	34968.78	128314.24	20.69
财产保险费	34968.78	128314.24	20.69
折旧	124.89	458.27	0.07
固定制造费用小计	70062.44	257086.74	41.45
单位成本合计	70906.12	257890.77	1011.86

7. 月产量、费用、利润计划表的模拟数据

月产量、费用、利润计划表的模拟数据结果，见表2.15。

计算公式：

利润=销售收入-材料费小计-能源动力小计-工资收入小计-制造费用小计-管理费用小计-运输费小计。

增值税=（销售收入－材料小计）×税率。0.17是增值税率17%。

销售收入=∑（月产量×售价）。

表2.15 月产量、费用、利润计划表的模拟数据结果　　　　单位：万元

项目	1月	2月	3月	4月	5月	6月	7月	8月	9月	10月	11月	12月	合计
产量（万瓶）													0
产品1	1000	900	1000	1200	1000	1230	1000	1000	990	1000	1200	1000	12520.00
产品2	500	600	500	500	500	500	500	520	500	500	490	500	6110.00
产品3	300	400	300	300	300	300	300	340	300	350	300	300	3790.00
销售收入	805	830	805	905	805	920	805	827	800	823	901	805	10030.50
原材料	48.08	47.83	48.08	55.09	48.08	56.14	48.08	49.05	47.73	48.89	54.92	48.08	600.01
辅助材料	20.31	19.84	20.31	23.38	20.31	23.84	20.31	20.55	20.16	20.39	23.29	20.31	253.00
材料小计	68.39	67.66	68.39	78.46	68.39	79.97	68.39	69.60	67.89	69.27	78.21	68.39	853.01
水	1.07	1.13	1.07	1.19	1.07	1.21	1.07	1.11	1.07	1.11	1.19	1.07	13.38
电	12.89	14.65	12.89	13.72	12.89	13.84	12.89	13.53	12.85	13.41	13.60	12.89	160.06
气	2.83	3.12	2.83	3.10	2.83	3.14	2.83	2.98	2.82	2.99	3.09	2.83	35.42
能源动力小计	16.80	18.90	16.80	18.01	16.80	18.20	16.80	17.62	16.74	17.51	17.89	16.80	208.86
固定工资	3.53	3.53	3.53	3.53	3.53	3.53	3.53	3.53	3.53	3.53	3.53	3.53	42.30
计件工资	19.70	20.70	19.70	21.90	19.70	22.23	19.70	20.30	19.59	20.15	21.78	19.70	245.15
三项奖金	11.97	14.77	11.97	12.37	11.97	12.43	11.97	13.07	11.95	13.22	12.32	11.97	150.00
工资附加费	17.70	19.34	17.70	19.30	17.70	19.54	17.70	18.44	17.62	18.34	19.19	17.70	220.27
工资小计	52.90	58.34	52.90	57.10	52.90	57.73	52.90	55.34	52.69	55.24	56.81	52.90	657.72
物料消耗	5.95	6.68	5.95	6.39	5.95	6.46	5.95	6.24	5.93	6.20	6.35	5.95	73.99
低值易耗品	0.67	0.76	0.67	0.72	0.67	0.73	0.67	0.71	0.67	0.70	0.72	0.67	8.36
修理费	1.84	1.92	1.84	2.07	1.84	2.10	1.84	1.90	1.83	1.90	2.06	1.84	23.00
检验费	0.08	0.09	0.08	0.10	0.08	0.10	0.08	0.09	0.08	0.09	0.09	0.08	1.05
劳动保护费	0.03	0.03	0.03	0.04	0.03	0.04	0.03	0.03	0.03	0.03	0.04	0.03	0.40
运输费	0.02	0.02	0.02	0.02	0.02	0.02	0.02	0.02	0.02	0.02	0.02	0.02	0.23
内部费用	0.01	0.01	0.01	0.01	0.01	0.01	0.01	0.01	0.01	0.01	0.01	0.01	0.10

续表

项目	1月	2月	3月	4月	5月	6月	7月	8月	9月	10月	11月	12月	合计
其他费用	0.02	0.03	0.02	0.03	0.02	0.03	0.02	0.03	0.02	0.03	0.03	0.02	0.30
环境保护费	0.26	0.29	0.26	0.28	0.26	0.28	0.26	0.27	0.26	0.27	0.28	0.26	3.23
财产保险费	225.47	253.46	225.47	242.02	225.47	244.50	225.47	236.58	224.64	235.13	240.32	225.47	2803.98
折旧费	104.01	111.37	104.01	108.27	104.01	108.91	104.01	106.90	103.80	106.50	107.82	104.01	1273.65
制造费用小计	338.37	374.66	338.37	359.93	338.37	363.16	338.37	352.78	337.30	350.86	357.72	338.37	4188.28
办公费	4.17	4.17	4.17	4.17	4.17	4.17	4.17	4.17	4.17	4.17	4.17	4.17	50.00
差旅费	5.83	5.83	5.83	5.83	5.83	5.83	5.83	5.83	5.83	5.83	5.83	5.83	70.00
待业保险费	0.33	0.33	0.33	0.33	0.33	0.33	0.33	0.33	0.33	0.33	0.33	0.33	4.00
劳动保险费	3.33	3.33	3.33	3.33	3.33	3.33	3.33	3.33	3.33	3.33	3.33	3.33	40.00
工会经费	1.67	1.67	1.67	1.67	1.67	1.67	1.67	1.67	1.67	1.67	1.67	1.67	20.00
职工培训费	0.83	0.83	0.83	0.83	0.83	0.83	0.83	0.83	0.83	0.83	0.83	0.83	10.00
董事会费	0.83	0.83	0.83	0.83	0.83	0.83	0.83	0.83	0.83	0.83	0.83	0.83	10.00
中介结构费	0.83	0.83	0.83	0.83	0.83	0.83	0.83	0.83	0.83	0.83	0.83	0.83	10.00
咨询费	0.42	0.42	0.42	0.42	0.42	0.42	0.42	0.42	0.42	0.42	0.42	0.42	5.00
诉讼费	0.00	0.00	0.00	0.00	0.00	0.00	0.00	0.00	0.00	0.00	0.00	0.00	0.00
业务招待费	2.50	2.50	2.50	2.50	2.50	2.50	2.50	2.50	2.50	2.50	2.50	2.50	30.00
税金	1.67	1.67	1.67	1.67	1.67	1.67	1.67	1.67	1.67	1.67	1.67	1.67	20.00
场地使用费	0.00	0.00	0.00	0.00	0.00	0.00	0.00	0.00	0.00	0.00	0.00	0.00	0.00
技术转让费	0.00	0.00	0.00	0.00	0.00	0.00	0.00	0.00	0.00	0.00	0.00	0.00	0.00
无形资产摊销	0.00	0.00	0.00	0.00	0.00	0.00	0.00	0.00	0.00	0.00	0.00	0.00	0.00
其他资产摊销	4.17	4.17	4.17	4.17	4.17	4.17	4.17	4.17	4.17	4.17	4.17	4.17	50.00
研究发展费	0.83	0.83	0.83	0.83	0.83	0.83	0.83	0.83	0.83	0.83	0.83	0.83	10.00
排污费	0.83	0.83	0.83	0.83	0.83	0.83	0.83	0.83	0.83	0.83	0.83	0.83	10.00
矿产资源补偿费	0.00	0.00	0.00	0.00	0.00	0.00	0.00	0.00	0.00	0.00	0.00	0.00	0.00
存货盘盈盘亏	0.00	0.00	0.00	0.00	0.00	0.00	0.00	0.00	0.00	0.00	0.00	0.00	0.00

续表

项目	1月	2月	3月	4月	5月	6月	7月	8月	9月	10月	11月	12月	合计
坏账准备	0.17	0.17	0.17	0.17	0.17	0.17	0.17	0.17	0.17	0.17	0.17	0.17	2.00
存货跌价准备	0.00	0.00	0.00	0.00	0.00	0.00	0.00	0.00	0.00	0.00	0.00	0.00	0.00
其他	0.00	0.00	0.00	0.00	0.00	0.00	0.00	0.00	0.00	0.00	0.00	0.00	0.00
管理费用小计	28.42	28.42	28.42	28.42	28.42	28.42	28.42	28.42	28.42	28.42	28.42	28.42	341.00
运输费用	100.00	118.00	100.00	104.00	100.00	104.60	100.00	106.00	99.80	105.00	103.00	100.00	1240.40
利润	200.13	164.03	200.13	259.08	200.13	267.92	200.13	197.23	197.18	196.20	258.95	200.13	2541.23
应交增值税	125.22	129.60	125.22	140.51	125.22	142.80	125.22	128.76	124.46	128.05	139.87	125.22	1560.17

8. 原辅材料指标成本的模拟数据

原辅材料指标成本的模拟数据结果，见表2.16。

计算公式：

增值税率=17%，不含税单价=含税单价/增值税率。

成本金额=消耗定额×含税单价。

表2.16 原辅材料指标成本的模拟数据结果

产品1，单位：元/万瓶或万只				
材料名称	单位	消耗定额	含税单价	去税单价	金额
		元/单位	元/万瓶	元/万瓶	元
	公斤	71.10	3.00	2.56	213.30
	公斤	52.08	2.00	1.71	104.16
	公斤	33.00	1.00	0.85	33.00
原材料小计					350.46
	只	3.00	50.00	42.74	150.00
	kg	2.10	1.00	0.85	2.10
	卷	1.08	1.05	0.90	1.13
包装材料小计					153.23
合计					503.69

续表

产品2，单位：元/万瓶或万只				
材料名称	单位	消耗定额	含税单价	去税单价	金额
		元/单位	元/万瓶	元/万瓶	元
	公斤	55.20	2.00	1.71	110.40
	公斤	23.10	2.30	1.97	53.13
原材料小计					163.53
	只	2.00	45.00	38.46	90.00
	卷	1.00	1.00	0.85	1.00
包装材料小计					91.00
合计					254.53
产品3，单位：元/万瓶或万只					
材料名称	单位	消耗定额	含税单价	去税单价	金额
		元/单位	元/万瓶	元/万瓶	元
	公斤	34.00	2.50	2.14	85.00
	公斤	32.00	2.40	2.05	76.80
原材料小计					161.80
	只	3.00	3.20	2.74	9.60
	kg	2.00	1.20	1.03	2.40
	卷	2.40	1.10	0.94	2.64
包装材料小计					14.64
合计					176.44

解读笔记

从本案中可以发现做组织绩效考核的部门（运营管理部、企管办等）的套表设计与Excel测算分能力非常强。

甲集团的核算分配制度是由财务部主导制定的，经济责任制考核是由企管办主导。而乙集团的分公司承包方案是由企管办主导制定的，五大管理方面考核也是由企管办主导，奖金计算是由HR负责。

> 可见，在组织绩效管理层面，本土的老牌民企至少在某个历史阶段，HR的能力和参与度相对较少，而是由企管办（也叫运营管理部）、财务部（也叫计划财务部）在主导。
>
> 这两个部门制定的考核制度，有强烈的业务及财务色彩，管控与激励并重，覆盖大部门（分公司、事业部、工厂）和中高层管理人员。
>
> HR应该学习他们的思维方式和设计、测算的套路，为我所用。

2.3　分公司五大管理方面考核

（老牌民企乙的绩效考核案例解读三）

分公司管理人员的奖金计算方案提及考核分由五大方面组成（生产、质量、设备、财务、人事政治）。本节具体介绍这五大方面的细化操作。

§2.3.1　考核指标的组成

在权重方面，生产、质量、设备、财务、人事政治分别占：25、25、25、15、10。

有两种考核类别：量化考核、评定。生产——量化10分，评定15分；质量——量化10分，评定15分；设备——量化10分，评定15分；财务——量化5分，评定10分；人事政治——评定10分。

同时确定了每方面量化考核、评定考核的具体绩效指标。

生产方面，量化考核5个指标：原辅材料消耗、能源消耗、旺季停产、物资积压、安全事故。评定，根据现场、安全、制度执行、报表等日常检查。

质量方面，量化考核5个指标：用户投诉率、市场抽样、报损率、一次检验合格率、质量事故。评定，根据质量管理日常检查。

设备方面，量化考核4个指标：设备保养检修率、设备完好率、机物料消耗、设备故障。评定，根据设备管理日常检查。

财务方面，量化考核3个指标：制造费用控制、固定资产保值、经济案件。评定，根据财务管理日常检查。

人事政治，无量化考核指标。评定，根据思想管理日常检查、人事管理日常检查。

每个指标、日常检查的考核办法空缺，需在后面详细展开介绍。

年度分公司五大管理考核框架见表2.17。

表2.17 年度分公司五大管理考核标准

考核项目	权重	考核类别	权重2	具体绩效指标	考核办法
生产管理	25	量化	10	原辅材料消耗	
				能源消耗	
				旺季停产	
				物资积压	
				安全事故	
		评定	15	现场、安全、制度执行、报表等日常检查	
质量管理	25	量化	10	用户投诉率	
				市场抽样	
				报损率	
				一次检验合格率	
				质量事故	
		评定	15	质量管理日常检查	
设备管理	25	量化	10	设备保养检修率	
				设备完好率	
				机物料消耗	
				设备故障	
		评定	15	设备管理日常检查考核	
财务管理	15	量化	5	制造费用控制	
				固定资产保值	
				经济案件	
		评定	10	财务管理日常检查	

续表

考核项目	权重	考核类别	权重2	具体绩效指标	考核办法
思想人事管理	10	评定	5	思想管理日常检查	
		评定	5	人事管理日常检查	

解读笔记

作为分公司，这样的生产、质量、设备、财务、人事政治的维度选取具有合理性，权重分配也合理。量化与评定结合，也就是能量化的量化，不能量化的细化。同时，评定有日常检查配套，具有执行力，能够落地，这是其特色。很多公司也有部门职责的考评，但只停留在主管打分，而不去检查，差别就在这里。最后，思想政治有特色，人力资源管理，不仅是人事制度，而且关注管控员工的思想状态。

§2.3.2 考核指标的配套（考核标准与检查表单）

量化考核的绩效指标配套考核标准，评定的绩效指标配套检查表单。考核标准、检查表单的扣罚细则很细。

限于篇幅，表单只给出了框架以及部分代表性的具体指标和扣罚细则，省略了很多指标和扣罚细则。这需要读者自己参照框架以及代表性指标和扣罚细则，结合本公司实际情况制定具体细则。

1. 生产管理的考核

生产管理有考核标准、检查表、现场管理基本分评定表。

（1）生产管理的考核标准

分公司的生产管理考核标准，由6个项目组成：现场检查标准、具体部位检查标准、安全管理网络运行情况、生产安全、消防安全、机动车辆。每个项目又拆分为多个二级项目。针对二级项目，明确了具体要求和扣罚细则。见表2.18。

表2.18　分公司生产管理考核标准

项目	内容	具体要求	扣罚细则
现场检查标准	劳动纪律	现场人员工作衣帽穿戴整洁	不符合要求，扣1分/人次
		员工佩戴上岗证	不符合要求，扣1分/人次
		生产作业人员严禁佩戴首饰操作	不符合要求，每人扣1分/人次
		车间人员遵守劳动纪律（不干与工作无关的事，不串岗、不聚众闲谈、不抽烟、不偷吃公司产品等）	发现干与工作无关的事，串岗、闲谈者扣3分/次；发现抽烟、偷吃产品的，扣3分/人次
		不得将与生产无关的物品带入生产现场	发现现场有与生产无关的物品，扣1分/件
	环境卫生	车间、仓库玻璃窗干净	不符合要求，扣1分/处
		参观走廊玻璃窗干净	
		车间、仓库窗台无积灰	
		墙壁、房顶无积灰	
		地面无积水	
		地面无垃圾、杂物	
		地面无烟蒂	
		地面无掉瓶	
		阴沟无集聚物、无堵塞、无恶臭	
		机器外壳无油污、手印、胶带等	
		机台无杂物、机标、掉瓶等	
	定置管理	车间内划分作业区、物料堆放区、通道	
		定置线模糊应及时刷新	
	记录台账		
	厂房维护		

续表

项目	内容	具体要求	扣罚细则
具体部位检查标准	三位一体		
	配料间		
	水处理		
	办公室		
	厕所		
	机物料仓库、维修间		
	材料仓库		
	成品仓库		
安全管理网络运行情况	制度执行		
	责任落实、检查安排		
	安全教育培训		
生产安全	设备安全装置		
	特种操作人员持证上岗		
	劳保用品穿戴		

续表

项目	内容	具体要求	扣罚细则
消防安全	明火使用		
	物品堆放		
	消防器材管理		
	集体宿舍消防管理		
	生产作业场所防火		
	易燃易爆品搬运管理		
机动车辆	新增铲车司机		

（2）生产管理考核检查表

分公司生产管理的考核检查表的项目和2级项目，与表2.18相同。此表由负责检查的人员对照表2.18的具体要求和扣罚细则，在日常检查中发现后记录，见表2.19。

表2.19 分公司生产管理考核检查表

项目	内容	重点检查	具体扣罚
现场检查标准	劳动纪律		
	环境卫生		
	定置管理		
	封闭式管理		
	记录台账		
	厂房维护		

续表

项目	内容	重点检查	具体扣罚
具体部位检查标准	三位一体		
	配料间		
	水处理		
	办公室		
	厕所		
	机物料仓库、维修间		
	材料仓库		
	成品仓库		
安全管理网络运行情况	制度执行		
	责任落实、检查安排		
	安全教育培训		
生产安全	设备安全装置		
	特种操作人员持证上岗		
	劳保用品穿戴		
消防安全	明火使用		
	物品堆放		
	消防器材管理		
	集体宿舍消防管理		
	生产作业场所防火		
	易燃易爆品搬运管理		
机动车辆	新增铲车司机		
检查日期：			

（3）现场管理基本分评定表

现场管理基本分评定表见表2.20。

表2.20 现场管理基本分评定表

公司名称	管理范围	基本分
	主要包括A楼、B楼、车间、成品仓库、材料仓库	50
	主要包括B楼、C楼、制盖车间	35
	主要包括A楼仓库和B楼车间	15

注：

1. 为使考评更加公正合理，根据各分公司的管理规模和管理难度进行评估，确定各分公司现场管理考核基本分如上

2. 本年度的现场管理考核根据统一的考核标准进行扣罚，各分公司考核得分为基本分减去扣罚分数，最后把考核得分折合成总分15分的现场管理考评分

3. 月度检查考核将覆盖各分公司现场管理所包括的所有区域

2. 质量管理的考核

质量管理的考核，由考核标准、日常生产检查表组成。

（1）质量管理考核标准

质量管理考核标准，由用户投诉率、市场抽样、报损率、一次检验合格率、质量事故、质量管理日常检查、奖励等具体指标组成。考核周期以月考核为主，个别季度考核；也有月考核，每月累加；季度考核，季度累加。考核办法包含了目标值（范围），分段扣分，个别也有加分。见表2.21。

表2.21 质量管理考核标准

具体指标	考核办法	考核周期
用户投诉率	保证年度用户投诉率控制在____亿分之3；亿分之3；____亿分之3.5；____亿分之10；____亿分之30。以当月用户投诉次数占当月出货量的比例为准，如在目标范围内，不扣分，每超过10%扣该类产品所占比例的2%，以此类推；如果当月用户投诉比例低于标准，根据用户投诉问题的实际情况，给予0.2～1分的奖励	月考核，每月累加
市场抽样	每季度对各个分公司的产品进行市场抽样，并根据检验结果对分公司进行考核，对于生产瓶、盖的分公司，其考核依据为：市场抽样样品的预包装质量占50%，质监部每月的抽检占50%。80分以上不扣分，70～80分之间扣0.5分，60～70分之间扣1分，60分以下扣2分	季考核

续表

具体指标	考核办法	考核周期
报损率	保证全年报损率控制在 ___ 万分之1.5；___ 万分之1.0；___ 万分之1.0；___ 万分之0.35；___ 万分之0.08；___ 万分之0.04；___ 万分之0.1；___ 万分之1；___ 万分之1.0；___ 万分之0.2；___ 万分之0.5；___ 万分之4.___ 万分之1.0；___ 万分之1.0。每超过1%扣该类产品所占比例的1%，以此类推。如果报损比例低于标准，根据报损问题的实际情况，给予0.5～2分的奖励	季考核，每季累加
一次检验合格率	一次检验合格率达到100%，不符合企标/国标，每次扣3分；不符合内控标准，每次扣1分。对于生产___的分公司，复检扣0.1分/次，挑选0.2分/次，退货0.3分/次；对于生产___的分公司挑选0.3分/次	月考核
质量事故	发生批量质量问题的产品小于500件，扣2分；发生批量质量问题的产品500件～2000件扣4分；发生批量质量问题的产品2000件以上扣6分。（质量事故以市场或媒体反映并经质监部确认属分公司责任的质量问题，成品检验中发现的作为一次检验合格率考核。）	月考核
质量管理日常检查	具体检查考核以质控点的控制情况作为依据（见附表），由质监部每月进行检查考核	月考核
奖励	对考核过程中分公司有创新的方法并取得较好效果的（如QC小组活动），质监部将根据具体情况奖励0.2～1分	月考核

另外，对年度考核进行了以下修正。

为客观评价分公司一年的质量管理水平，避免由于各分公司生产淡旺季情况不同、产品品种不同造成在质量管理月度考核中出现的不平衡，将以年度考核的形式对分公司进行一次综合评定，评定方法以加权平均法进行计算。

计算方法：Σ（分公司月度考核得分×当月得分系数）/12。其中当月得分系数由质监部根据当月分公司某一产品出库量以及产品质量管理的难易程度计算得出（一般在0.8～1.2之间）。

（2）日常生产检查表

对生产过程的质量检验，分进厂检验、制瓶、配料、罐装、杀菌、包装、储运防护、实验室管理八个项目；每个项目都安排了细化的检查点，有三种检查记录状态：已实施、部分事实、未实施。见表2.22。

表2.22 日常生产检查表

过程控制					
一		进厂检验	已实施	部分实施	未实施
1		有所有的原材料的书面的检验标准			
2		所有原辅材料都经检验			
3		所有原辅材料均按文件的要求进行检验			
4					
二		制瓶工序	已实施	部分实施	未实施
1		原料是干燥、清洁、无杂质,色泽正常的			
2		原料和回料按预定比例添加			
3		所使用的钛白粉厂家经过公司认证			
4					
三		配料	已实施	部分实施	未实施
1		有明显标志指明无关人员限制进入和随手关门			
2		设备、地面、天花板得到良好的维护,没有污迹,没有损坏			
3		车间内有方便使用的清洁、消毒设施			
4					
四		灌装	已实施	部分实施	未实施
1		有明显标志指明无关人员限制进入和随手关门			
2		车间内有方便使用的清洁消毒设施,有防虫、灭蝇设施			
3		设备、地面、天花板得到良好的维护,没有污迹,没有损坏			
4					
五		杀菌	已实施	部分实施	未实施
1		有明显标志指明无关人员限制进入			
2		空调和排风系统运转正常从而使室内保持正压并没有不正常味道			
3		杀菌时间、温度达到要求,定时进行测试			
4					
六		包装	已实施	部分实施	未实施
1		每一过程有明确的、最新版本的作业文件			
2		文件覆盖所有的工艺和质量控制要求			
3		贴管符合要求			
4					

续表

过程控制				
七	储运、防护	已实施	部分实施	未实施
1	制定了妥善的贮存管理方法，如收发货、出入库手续、先进先出等规定			
2	检查接收和发放记录，验证符合有关规定			
3	对产品的测试状态进行标识			
4				
八	实验室管理	已实施	部分实施	未实施
1	有足够的地方存放检测仪器、化学试剂、玻璃器皿			
2	有足够的检测仪器来测试标准中所有的质量指标，有检测仪器的目录			
3	检测仪器功能正常，并得到良好的保养			
4				

3. 设备管理的考核

设备管理的考核，由日常检查考核标准、设备量化考核标准、基本分评定表组成。

（1）设备管理日常检查考核标准

设备管理的日常检查考核标准，由建立设备管理制度与网络、设备现场使用及维护管理、设备固定资产管理规范、计量管理四个项目组成，权重分别为：10%、50%、20%、20%，每个项目有对应的标准内容和考核细则，进行扣分和说明。标准内容还在备注中注明需要附表才能操作。见表2.23。

表2.23　设备管理日常检查考核标准

一、建立设备管理制度与网络（10%）					
考核项目	标准内容	考核细则	扣分	扣分说明	备注
机台设备操作保养制度	1.各主要生产设备必须有单机操作保养制度；2.建立各机台表格化的《操作保养记录》，记录应有运行过程中具体停机时间段、交班人、接班人签字等栏目	没有记录、内容不齐全、未定机操作或对操作规程没有明确，对操作要点没有掌握，扣0.5分/例			附表

续表

考核项目	标准内容	考核细则	扣分	扣分说明	备注
机台设备操作保养制度	设备定人定机上岗操作，分公司必须有操作工定人定机名单并严格执行	没有操作工定人定机名单的，扣2分；不齐全的，每缺一机台扣1分			
交接班制度					
巡回检查制度					附表
网络的建立及岗位责任制落实					
设备维修记录					
机台设备维修档案卡					
机台设备检修保养记录					
运行状况日报表					
备件管理需求的申报					
建立机物料消耗档案					

二、设备现场使用及维护管理（50%）

考核项目	标准内容	考核细则	扣分	扣分说明	备注
操作工必须具备的操作技能	1.主要设备必须有设备操作日常保养规程；2.操作工需经培训上岗，能熟练掌握操作技能和设备的"三好""四会"；3.实行定人定机操作制度及时处理生产过程中的常见故障，做好操作保养记录	每个安装有主要设备的房间内（车间）必须挂有设备操作保养规程，没有的扣1分/例。发现一名操作工未培训上岗及未定机操作或对操作规程没有明确，要点没有掌握，记录表填写不齐全，扣1分/例			设备操作保养规程必须保持整洁（可塑封后穿挂）
设备的整齐、清洁					
设备的润滑保养及交接班工作					

续表

考核项目	标准内容	考核细则	扣分	扣分说明	备注
落实好设备的巡回检查与维修工作确保设备安全正常运行					
加强内部的监督考核确保检修工作到位					
奖励					

三、设备固定资产管理规范（20%）

考核项目	标准内容	考核细则	扣分	扣分说明	备注
建立固定资产管理网络	必须建立分公司设备员—车间（兼职）设备员—车间机台保管责任人三级固定资产管理网络名单；建立资产台账，各项内容齐全；资产落实到人并登录在资产台账上，责任人需了解其责任	是否建立三级固定资产管理网络；是否建立资产台账，各项内容是否齐全，不符扣2分			附表
	建立资产台账，各项内容齐全	台账中的责任人是否了解设备责任，不符扣2分			
规范资产管理全过程					附表
设备开箱验收及性能验收					附表
					附表
调拨设备的变动手续					附表
落实封存审批制度					附表
					附表

续表

考核项目	标准内容	考核细则	扣分	扣分说明	备注
严格报废手续					附表
确保账实相符					

四、计量管理（20%）

考核项目	标准内容	考核细则	扣分	扣分说明	备注
1.计量管理网络	各部、分公司应指定计量负责人和兼职计量管理员各二名，并应根据本部门人员变动情况及时更改计量管理网络人员名单并通知计量室	提高公司计量管理水平，需要建立完善的计量管理网络。对不及时确认计量网络人员的部门，扣2分			
2.申购制度					附表
3.验证制度					
4.测量设备流转情况反馈制度					附表
5.测量设备送检制度					
6.加强日常管理和维护					
7.协助计量室做好周检工作					

（2）设备量化考核标准

设备量化考核标准基准分为10分，由设备保养检修、设备完好率、设备的故障、机物料消耗4个项目组成，权重分别为：1、2、5、2分。每个项目都有对应的标准内容、考核细则，进行扣分和说明。见表2.24。

表2.24 设备量化考核标准

序号	考核项目	标准内容	考核细则	扣分	扣分说明
1	设备保养检修（1分）	按照设备保养制度，做好翻班时设备周、月、季保养检修，设备周、月、季保养检修率要求达到70%	分公司设备科长翻班检修保养是否有计划和维修工是否有检修内容记录，是否按时完成设备周、月季保养检修；检修率达不到70%的，每少5个百分点，扣0.5分		

续表

序号	考核项目	标准内容	考核细则	扣分	扣分说明
2	设备完好率（2分）				
3	设备的故障（5分）				
4	机物料消耗（2分）				

（3）分公司设备管理基准分

设备管理基本分15分，评定考核得分=15×（考核基准分－日常考核扣分）/考核基准分。

列出每个分公司机台分布和数量，考虑新旧系数、当量系数，折算成小计。小计分之和加管理分，得到合计。见表2.25。

计算公式：合计=数量×新旧系数×当量系数+管理分。考核基准分=合计×固定值。

测算：合计=（6+1.4+1.5+4）+5=17.9分。

从17.9如何得到94分？这里有个换算系数=94/17.9=5.25。通过其他分公司的数据，比如合计=13.7，考核基准分=72，合计=8，考核基准分=42，都是约5.25的固定值。至于为何是5.25倍的关系，原因不详。

表2.25 分公司设备管理基准分

分公司	公司机台分布	数量	新旧系数	当量系数	小计	管理分	合计	考核基准分数
		5	1.2	1	6	5	17.9	94
		2	1	0.7	1.4			
		1	1	1.5	1.5			
		2	1	2	4			
说明：	评定考核得分=15×（考核基准分数－日常考核扣分）/考核基准分数							

4. 财务管理的考核

财务管理的考核是检查考核标准，由基础工作、会计核算、内部控制、财务分析管理、税务管理5个项目组成；每个项目细分为具体的考核内容，有相应的具体要求和扣罚细则；见表2.26。

表2.26 财务管理检查考核标准

项目	考核内容	具体要求	扣罚细则
一、基础工作	制度建立执行		
	车间核算		
	仓库管理		
	部门联系		
二、会计核算	会计科目处理	按公司统一规定设置会计科目	没有按公司统一规定设置会计科目，每发现一处错误，扣2分
		按会计规范审核使用会计科目编制记账凭证、登记会计账本	没有按会计规范流程进行处理，每发现一项，扣1分；会计科目核算内容错误，每发生一处，扣1分
		按会计规范要求更正错账	没按会计规范要求更正错账，每发生一项，扣1分
	资产与负债		
	成本与费用	成本核算采用实际成本法	若采用其他成本核算方法，扣3分
		成本项目的设置与公司的要求相符	成本项目的设置违背公司的要求，扣2分
		成本和费用的归集和分配方法合理并符合公司要求	成本费用的归集和分配方法不合理，成本计算错误，扣2分
	财务软件管理		

续表

项目	考核内容	具体要求	扣罚细则
三、内部控制	仓库管理		
	对车间及二级核算单位指导与检查		
	资金管理		
	财务审核		
	归档保密		
四、财务分析管理	财务计划预算		
	财务分析		
五、税务管理	税务筹划		
	发票申领与管理		
	计算并申报		
	税务分析		
	税务汇报		

5.人事政治考核标准

人事政治考核标准，分人事、政治两表。

(1) 人事基础考核标准

人事基础考核标准，由人事管理、劳动纪律、劳保管理、临时工管理、人才培养（月）、招聘管理、培训管理、绩效管理、人才培养（半年）9个项目组成，每个项目有具体考核内容、说明、扣罚标准。备注说明了每月必检或临时或半年考核。见表2.27。

表2.27 人事基础考核标准

项目	内容	说明	扣罚标准	备注
人事管理	人事信息变更	及时上交人事信息变更表	未及时上交的，扣0.5分	每月必检查考核项目
		岗位变更人员确实符合调整需要，且符合调整要求	岗位变更无必要的，每人扣0.5分；岗位调整人员未达到岗位要求或无资格上岗的，每人扣0.5分	
	报表上报	种类信息报表上报及时、准确、完整、规范、真实	报表上交不及时的，扣0.5分；不准确的扣0.5分；不规范的扣0.5分；不完整的扣0.5分；虚报报表，每人扣0.5分	
劳动纪律	请假			每月必检查考核项目
	打卡			
	上岗证			
劳保管理	制度执行			每月必检查考核项目
	台账建立			
临时工管理	身份证			每月必检查考核项目
	三证管理			
人才培养	新进大学生培养			每月必检查考核项目
	后备干部培养			
	制定人才培养管理制度			
招聘管理	招聘需求计划			根据实际情况

续表

项目	内容	说明	扣罚标准	备注
培训管理	培训需求计划			根据具体实际情况，有相关事情发生，则检查考核
	培训评估			
	培训记录台账			
	培训制度执行			
培训管理	培训工作配合			
绩效管理	制度修改	结合下发验收反馈单，把细分的人员层次写入制度中	未对层次细分进行完善的，扣1分	根据各分公司制度每季度或每半年必检查考核项目
		结合下发验收反馈单，根据分公司实际重新修改和制定下一年度操作层次人员的考核标准，要求做到尽量量化	未修改的，扣2分；考核标准能量化的指标没量化，扣1分	
		结合下发验收反馈单，制度中要有明确的考核结果处理办法和以反馈单的形式进行结果反馈等的规定，并有反馈单的明确格式	制度中考核结果处理办法和反馈形式没有体现的，扣2分；考核结果处理不明确的，扣1分；反馈单格式不明确的，扣1分	
		制度中要有考核结束后撰写绩效改进计划的规定，并有绩效改进计划的明确格式	制度中没有规定的，扣1分；格式不明确的，扣1分	
	制度执行	严格按照制定的绩效考核（管理）制度进行操作	未严格按照制度操作的，每项扣1分	
		要求保存并以人为单位整理、考核的原始数据和统计结果数据	未整理的，每人扣0.5分；数据缺少的，每人扣0.5分	
人才培养	新进大学生培养			根据分公司培养制度每季度或每半年必检查考核项目
	后备干部培养			

（2）分公司月度政治思想工作考核细则

分公司月度政治思想工作考核细则，由月度基础工作考核、月度重点工作考核两个项目组成，权重分别为：10、15分。每个项目有对应的考核标准、扣罚标准。见表2.28。

表2.28　分公司月度政治思想工作考核细则

考核项目	考核标准	扣罚标准	分值
月度基础工作考核	公司有关文件、《集团报》等资料贯彻落实情况		10
	组织政治学习情况	学习文件未下发至各车间工段，扣2分，漏发扣1分	
		每月对至少5名正式员工进行抽查，了解政治学习文件学习情况，抽查情况较差（5人以上），扣2分；4人较差扣1分；3人较差扣0.5分	
	思想政治例会召开情况	每月至少组织召开一次网络人员会议，并有记录，未召开扣2分，已召开但无记录扣1分	
	思想政治活动记录台账情况		
	通讯稿质量情况		
	思想政治工作创新		
月度重点工作考核	围绕政治部月度工作重点展开思想政治工作		15

§2.3.3　模拟数据的结果分析

A分公司当年要完成销售收入10030.50万元，利润2541万元，利润率25.33%。正式工300人，基本工资总额42.3万元，计件工资总额245万元。其中，产品1、产品2、产品3的产量和单价对应的计件工资总额为：138万元、73万元、34万元。分公司的工资总额=42.3+245=287.3（万元）。

由于各产品的单价是确定的，在人员定编确定为300人时，完成实际产量比计划产量多，计件工资总额就会增加，同时人均计件工资、人均工资也会增加。

相反，实际产量比计划产量少，计件工资总额就会减少，同时人均计件工资、人均工资也会减少。

在完成计划产量时，如实际人数比人员定编少，则人均计件工资和人均工资也会增加。因此政策是鼓励减员增效。

分公司工资总额的确定和考核，就是如此的关系。但是，对生产工人（正式工）来说，自己的收入仅仅跟产量（销售收入）有关而已。

那么利润靠谁去控制完成？相应配套需控制的能源消耗指标及成本、各项费用开支定额、单位产品成本、原辅材料消耗指标及成本，靠谁去控制完成？这就要依靠分公司的管理人员。

模拟数据的结果如下。

分公司1的管理人员40人。管理人员的月奖金包=月产量工资×考核得分×综合系数=60000×100×1.181/100=70974（元）。见表2.29。

表2.29 分公司1的管理人员的奖金模拟数据

分公司	人数	产量工资	考核得分	综合系数	应发奖金	人均奖金	正式工人数
	个	元	分		元	元/人	
分公司1	40	60000	100	1.181	70860	1772	300

从这个计算公式的设计逻辑来看：40个管理人员，首先关心300个正式工的产量完成多少，因为这与他们的产量工资基数有关。

可以继续做如下猜想。

管理人员的月产量工资=分公司月计件工资×管理人员计提系数。比如，分公司月计件工资100万，计提系数6%，则管理人员的月产量工资=6万。

其次，管理人员会关心五大管理方面的考核，因为这涉及的考核系数=考核分/100。五大管理方面基准分100分，如果出现了被扣分，比如扣了2分，考核分=98分，考核系数=0.98，管理人员当月奖金包6万就会减少0.12万。

综合系数的确定是个疑团，看不出来，只能继续猜想。

集团对各分公司考虑了一个难度系数，类似销售划分区域根据市场基础、难易程度给予系数。

分公司工厂可能也有生产线先进与否，场地新旧，老厂熟练工多，新收购工厂熟练工少，同样的正式工100人配置的管理人员的多少，会有系数上的差异。

总结如下。

分公司的工资总额A划分为两块：生产工人正式工的工资总额B和管理人员的工资总额C。B=基本工资B1+计件工资B2。C=基本工资C1+奖金C2。

通过计件工资总额的浮动，使生产工人的工资总额与业绩挂钩（产量产值）。通过奖金的考核浮动，使管理人员的工资总额与业绩挂钩（产量工资、考核分数、综合系数）。

产量工资会引导管理人员去控制经济责任书约定的分公司年度、月度的产量产值，让生产工人去具体完成产量产值，这就与经济责任书的销售收入（集团设置对分公司设置的KPI之一）联系起来。

考核系数会引导管理人员去控制五大管理方面考核的控制点，把内部管理做到家。

综合系数考虑了不同分公司的差异情况。

但是仍然无法探明以下问题。

经济责任书的利润是怎样关联到管理人员的奖金的？五大管理方面考核，只是对考核分、考核系数有影响，在管理人员的奖金计算公式中，无法看到他们有积极性或压力去关注利润，利润率的多少与他们的利益有什么关系？

只能猜想如下。

也许利润对应分公司总经理，这40个管理人员不包括总经理，利润完成不好，对总经理的年薪有影响（年薪整体挂钩浮动，或影响年薪中的绩效奖金、年终奖），或者超额完成利润，可以提成。

因为资料局限的原因，确实无法探明。但可以对甲集团和乙集团的案例中关于利润与工资总额（奖金包或年薪）的考核关系进行比较分析。

§2.3.4 考核方案的逻辑

最后总结考核方案与Excel套表的设计逻辑：五大管理方面考核是为了得到考核分。比如A分公司的基准分=100分，五大管理方面考核的考核分=98.23分，相当于考核系数=98.23/100=0.9823。

承包方案的经济责任书七大类指标的作用在这套Excel套表内，主要是为了得到销售收入、利润这两个指标的目标值。

因为只要有了销售收入、利润的目标值，增值税、利润率的目标值就可以自动计算得到。

产量产值、能源消耗指标及成本、各项费用开支定额、单位产品成本、原辅材料消耗指标及成本，都是为了测算出销售收入、利润的目标值，是配套测算。

第一类指标的销售收入、利润、增值税、利润率四项主要经济指标，就是集团与分公司总经理签订的经济责任书的主要内容。

第二、四、五、六、七类指标，都是为了得到销售收入和利润的配套测算指标。

其中第三类指标"人员定编及工时定额"提到了分公司的正式工人数、基本工资总额、计件工资总额，也就是分公司的工资总额（不含管理人员）=基本工资总额+计件工资总额。

第3章
子公司的考核
（老牌民企丙的绩效管理案例解读）

长三角地区的老牌民企丙集团，有约30年的历史，产值规模几百亿，员工规模数万人。在几十亿产值时，集团对子公司采用了独立核算的模式，子公司的工资总额与业绩挂钩。子公司的考核可以做两种理解：集团对子公司的考核、子公司各部门的考核。本章介绍集团对三家业务、阶段、规模不同的子公司A、B、C采用的工资总额挂钩方式，A子公司对各部门的考核指标选取。

子公司工资总额与业绩挂钩
（老牌民企丙的绩效管理案例解读一）

§3.1.1　工资总额考核方案与测算（三类子公司的区别）

工资总额与业绩挂钩，涉及几个基本问题：业绩的核算指标、工资总额的基数、挂钩计算公式。

1. 核算指标的选取

子公司考核的核算指标选取了销售额、利润，但考核权重不同，A公司是利润占70%，销售额占30%；B公司是利润占50%，销售额占50%；C公司事先不设置比例，利润、销售额均按年终的实际额考核。见表3.1。

表3.1 子公司的核算指标和权重

核算指标	权重	A公司	B公司	C公司
利润	X%	70%	50%	按实际额考核
销售额	Y%	30%	50%	按实际额考核

2. 工资总额、销售额、利润的基数

工资总额基数以上年年终财务审计后的工资总额为准，含年终奖，但不含营销业务提成、技术项目奖、财务主管和主办会计的薪资收入，适用A、B、C公司。

> **解读笔记**
>
> 把营销业务提成、技术项目奖剔除，可以理解。但把财务主管、主办会计的薪资收入也剔除，也许是为了避免财务虚报数据，使其具有独立性。
>
> 利润、销售额的基数，A、B公司以上年年终财务决算后的利润、销售额为基数，C公司以上年年终财务决算后的销售额为基数，但利润不确定基数，按实际额奖罚。

3. 挂钩的计算公式

A、B公司、C公司有不同的计算公式。

（1）子公司A、B的工资总额考核计算公式

计算公式：

子公司当年工资总额W=（利润达成率P×X%+销售额达成率Q×Y%）×

上年工资总额U×0.9。即W=（P×X%+Q×Y%）×U×0.9。其中，利润达成率P=当年实际利润额B/上年实际利润额B_1×100%。

销售额达成率Q=当年实际销售额C/上年实际销售额C_1×100%。

测算如下。A公司上年实际利润额B_1=200万元，当年实际利润额B=230万元，上年实际销售额C_1=2200万元，当年实际销售额C=2500万元，上年工资总额U=55万元，则A公司当年工资总额W=56.72万元，另预提6.30万元到次年使用。见表3.2。

表3.2　A公司工资总额测算

科目	单位	数据
上年实际利润额B_1	万元	200
当年实际利润额B	万元	230
利润达成率P	%	115%
上年实际销售额C_1	万元	2200
当年实际销售额C	万元	2500
销售额达成率Q	%	114%
利润达成率权重X%	%	70%
销售额达成率权重Y%	%	30%
P×X%+Q×Y%		1.15
上年工资总额U	万元	55
折扣系数		0.9
当年工资总额W	万元	56.72
预留系数		0.1
预提总额		6.30

B公司的工资总额测算，见表3.3。

表3.3　B公司工资总额测算

科目	单位	数据
上年实际利润额B_1	万元	400
当年实际利润额B	万元	390
利润达成率P	%	98%

续表

科目	单位	数据
上年实际销售额C_1	万元	4000
当年实际销售额C	万元	3800
销售额达成率Q	%	95%
利润达成率权重X%	%	70%
销售额达成率权重Y%	%	30%
P×X%+Q×Y%		0.97
上年工资总额U	万元	70
折扣系数		0.9
当年工资总额W	万元	60.95
预留系数		0.1
预提总额		6.77

（2）子公司C的工资总额考核计算公式

计算公式：

当年工资总额W_3＝销售额达成率Q_3×上年工资总额U_3×0.9+利润额B_3×利润提成比例Z%。即：$W_3=Q_3×U_3×0.9+B_3×Z\%$。其中，销售额达成率Q_3＝当年实际销售额D/上年实际销售额D_1×100%。

利润提成比例Z%"奖16罚10"，取两类：16%，−10%。利润提成比例及条件见表3.4。

表3.4 利润提成比例及条件

条件	Z%
利润额≥0	16%
利润额<0	−10%

测算如下。C公司上年实际销售额D_1=2000万元，当年实际销售额D=2200万元，上年工资总额U_3=220万元，利润额B_3=300万或−100万，则C公司工资总额W_3=265.8万，或227.8万。见表3.5。

表3.5　C公司工资总额测算

科目	单位	数据	数据
上年实际销售额 D_1	万元	2000	2000
当年实际销售额 D	万元	2200	2200
销售额达成率 Q_3	%	110%	110%
上年工资总额 U_3	万元	220	220
折扣系数		0.9	0.9
利润额 B_3	万元	300	−100
利润提成比例 Z%	%	16%	−10%
工资总额 W_3	万元	265.8	227.8

4. 月度、年终发放的关系

在月度、年终发放的关系上，丙集团的做法叫以丰补歉。各子公司月度可发放工资总额参照上述公式计算，作为应付工资预提。考虑以丰补歉、年终奖因素，平时每月实际发放额为月度可发工资总额的90%。

> **解读笔记**
>
> 这就是计算公式中的系数0.9的设置依据。
>
> 年终核算时，统一考虑全年应收款达成率、净资产收益率，由集团制定考核方案确定奖罚比例，在年终奖发放时体现。
>
> 就本案而言可以猜测，上述计算公式的实际值，在年初可能按照计划值预估，平时工资预提发放。但年终时，考核的工资总额=当年工资总额×(1+奖罚比例)。奖罚比例需要考核应收款达成率、净资产收益率。

5. 工资总额的浮动范围

根据子公司经济效益增减，各子公司的工资总额上下浮动，原则上不封顶，下有保底。

与上年的实际工资总额比,当年的工资总额下浮,下浮比例最大-20%。如上浮,各子公司要综合考虑以丰补歉等因素,确定实际发放比例,其余预留到次年。

对发生绩效指标滑坡,低于保底线,子公司可提出借资报告,经人力资源部审核,总经理审批执行。

§3.1.2　奖金发放依据(集团管理人员和物流、外贸公司)

除A、B、C子公司外,对集团总部的管理人员、两个新业务的子公司:物流、外贸公司,采取了以各子公司日均奖金定额的平均值作为依据。

模拟数据测算见表3.6。

表3.6　日均奖金平均值

子公司	A	B	C	平均值
日均奖金定额(元)	10	5	8	7.67

物流、外贸公司的管理人员的奖金,参照上述依据。年终根据全年计划达成情况考核后兑现,全年工资总额浮动是上年实际工资总额的80%～120%。

工资总额核定后,实行增人不增资,减人不减资。

新建、扩建项目,新增人员在筹建阶段的工资,按集团总部管理人员的工资水平,纳入筹建费用。项目试产后,再确定核算指标基数和工资总额基数。

集团向各子公司收取管理费,依据和比例见表3.7。

表3.7　管理费计提依据和比例

子公司类别	依据	管理费比例
A、B、C公司	销售额	3%
物流公司	运输产值	2%
外贸公司	销售额	0.20%

解读笔记

本案有如下几个特点。

①集团对子公司A、B、C选取利润、销售额作为核算指标，但区别对待，A、B子公司核算指标有不同比例，而C公司根据实际额。②集团管理人员、尚处于扶持阶段的新业务子公司（物流、外贸），采用A、B、C公司的日均奖金的平均值。③新筹建项目，取集团管理人员的平均值。④集团对子公司收取管理费。⑤财务主管、主办会计的薪资收入从工资总额中剔除，保持独立性，避免虚报数据。

甲集团的分配核算体系，涉及一个大的工厂。乙集团的分公司工资总额，涉及几百家分公司（工厂），生产的产品品种虽有差别，但业务形式相似。丙集团的子公司工资总额，以子公司作为独立核算单位，子公司业务、发展阶段差别较大，采用不同的核算考核模式。

子公司工资总额，是集团层面对子公司的组织绩效管理的管控。子公司也有很多部门，在工资总额核定后，子公司又如何去考核各部门呢？

第4章
服装专卖店考核提成方案

（民企丁的绩效管理案例解读）

浙江地区的民企丁集团，有约20年企业历史，产值约几十亿，员工规模数千人，旗下有服饰股份公司。本案介绍了服装专卖店的薪资方案、提成方案、考核表举例。

4.1 服装专卖店薪资方案

专卖店薪资方案要点包括年薪标准、考核年薪发放比例、年薪组成、补贴标准、年终奖标准。对象包括部门经理（除门店以外的公司其他部门）、总店经理、门店经理。

年薪确定原则如下。

（1）年初按现有店铺指标确定年薪，年中新开店以评估业绩作为考核指标（按实际月数计算），工资调整日期以新店开业日期为准（月）。

（2）指标在300万以下（新市场指标在200万以下），网点少于两个店或三个厅的区域原则上不设总店经理（含副总店经理）。

（3）无专卖店的区域，指标按实际回款的七折换算成完成业绩。

（4）晋升转岗试用期间按原薪资标准，试用合格后按新标准执行，原则上转岗试用期为一个月。

1.部门经理的年薪标准、发放比例

部门经理、总店经理的年薪标准根据回款额划分，见表4.1、表4.2。

表4.1 部门经理年薪标准

回款X	万元	X≥4000	3500≤X<4000	2900≤X<3500	800≤X<2900	400≤X<800	X<400
部门经理年薪Y	万元	14	13	12	11	10	8.5

表4.2 总店经理年薪标准

年回款	万元	X≥1500	700≤X<1500	500≤X<700	300≤X<500	X>300
年薪	万元	7.3	6.8	6.2	5.6	5
驻外补贴	元/月	300	300	300	300	300

年薪扣除月发工资是考核年薪，其发放比例为：季度占60%，年终占40%。第四季度与年终奖一并发放。

计算公式：季度标准考核奖金=（标准年薪－月薪×12）×60%/4；季度实发考核奖金=季度标准考核奖金×绩效考核得分。

四季度及年终考核奖金=核定考核年薪×年度考核得分－前三季度实发考核奖金。其中，核定考核年薪=最终核定年薪－月实发总额。

2.门店经理的年薪组成、薪资标准

门店经理的年薪分为两部分：月发部分、年终部分。月发部分的组成包括底薪、提成、考核工资、完成任务奖、餐贴、手机补贴、地区补贴、学历补贴、司龄补贴。年终部分包括考核奖金、总经理特别嘉奖。见表4.3。

表4.3 门店经理的年薪组成

月发部分									年终部分	
底薪	提成	考核工资	完成任务奖	餐贴	手机补贴	地区补贴	学历补贴	司龄补贴	考核奖金	总经理特别嘉奖

门店经理又划分为三类职位级别：店经理、副店经理、见习店经理/店经理助理/专厅长。三类职位的年终考核奖金，折扣系数为：1、0.9、0.8。见表4.4。

表4.4 门店经理的薪资组成、标准

职位类别	月发部分					年终部分	
	底薪	考核工资	完成任务奖	餐贴	手机补贴	考核奖金折扣系数	总经理特别嘉奖
	元/月	元/月	元/月	元/月	元/月	元	元
店经理	1000	300	200	90	100	1	根据年终经营情况定
副店经理	900	300	200	90	100	0.9	
见习店经理/店经理助理/专厅长	800	200	150	90	50	0.8	

总店经理（含副职）的薪资组成、比例、标准，见表4.5。

表4.5 总店经理、副总店经理的薪资组成、比例、标准

职位	年回款	万元	X≥1500	700≤X<1500	500≤X<700	300≤X<500	X>300
	年薪	万元	7.3	6.8	6.2	5.6	5
	驻外补贴	元/月	300	300	300	300	300
总店经理	月薪标准	元/月	2600	2600	2500	2500	2400
	年薪标准	万元/年	7.3	6.8	6.2	5.6	5
	考核比例		57%	54%	52%	46%	42%
副总店经理	月薪标准	元/月	2400	2400	2300	2300	2200
	年薪标准	万元/年	6.57	6.12	5.58	5.04	4.5
	考核比例		56%	53%	51%	45%	41%

补贴标准如下。地区补贴以各城市政府公布的年度平均工资为依据进行划分。地区补贴标准，见表4.6。学历补贴标准，见表4.7。司龄补贴标准，见表4.8。

表4.6 地区补贴

城市分类		A类	B类	C类
地区补贴	元/月	150	50	0

表4.7 学历补贴

学历		大专	本科	本科以上
补贴	元/月	20	40	60

表4.8 司龄补贴

年限		1≤X<2	2≤X<3	X≥3
补贴	元/月	20	40	60

年终奖标准，见表4.9。

表4.9 年终奖标准

业绩完成额	万元	X<100	100≤X<150	150<X≤220	220≤X<300	300<X≤500	X≥500
年终奖基数	元	2000	3000	4000	5000	6000	8000

4.2 专卖店提成方案与测算
（总部自营店、直营店）

计算公式：提成=店人均提成×提成率P×系数S。其中，店人均提成=店员提成总额/店员数。未单设专厅长时其提成纳入店铺总提成。

提成率根据销售额达成率分段设置，提成率适用店员。店经理（副店经理等）在提成率的基础上，再结合系数。

总部自营店的提成率、系数，见表4.10。

表4.10 总部自营店的提成率

完成率	X＜70%	70%≤X＜75%	75%≤X＜80%	80%≤X＜85%	85%≤X＜95%	95%≤X＜110%	X≥110%
提成率P	0	0.80%	1.20%	1.40%	1.60%	1.80%	2%
系数S	0	1.1	1.2	1.3	1.4	1.5	1.6

直营店的提成率、系数，见表4.11。

表4.11 直营店提成率

完成率	X＜70%	70%≤X＜80%	80%≤X＜90%	90%≤X＜100%	X≥100%
提成率P	0	1%	1.50%	1.80%	2%
系数S	0	1.2	1.3	1.4	1.5

直营店提成方案测算如下。

某省会城市店，上年销售额指标=200万元，本年拟定销售额指标=240万元，月指标=20万元，考核暂按满分计。

根据表4.11分段提成率设置Excel公式的技巧如下。

假定情况1在5行，提成率在E列。则情况1的提成率的Excel公式设置：

E5=IF(D5＜70%, 0, IF(D5≤80%, 1.2%, IF(D5≤90%, 1.3%, IF(D5≤100%,1.4%,1.5%))))。

下拉公式，得到情况2～6的Excel公式设置。

测算表见表4.12。

点评：在2005年左右，H市的直营店经理的年收入只有2万～3万，服装专卖店的薪资也不高。

表4.12 H市门店经理的薪资测算表

情况	销售额目标	实际销售额	销售额达成率	提成率	提成倍数	人数	月薪	提成	考核工资	完成任务	餐贴	手机补贴	地区差异补贴	学历补贴	司龄补贴	小计	月发小计	年终奖金	年收入
万元	万元	万元	%	%		人	元	元	元	元	元	元	元	元	元	元	万元	万元	万元
a	b	c	d=c/b	e	f	g	h	$i=c \times e \times 10000/g \times f$	j	k	l	m	n	o	p	$q=h+i+j+k+l+m+n+o+p$	$r=q \times 12/10000$	s	t=r+s
1	20	13.8	69%	0.0%	0	10	1000	0	300	0	90	100	150	20	40	1700	2.04		2.04
2	20	15.8	79%	1.2%	1.2	10	1000	227.52	300	0	90	100	150	20	40	1928	2.31		2.31
3	20	17.8	89%	1.3%	1.3	10	1000	300.82	300	0	90	100	150	20	40	2001	2.40		2.40
4	20	19.8	99%	1.4%	1.4	10	1000	388.08	300	0	90	100	150	20	40	2088	2.51		2.51
5	20	20	100%	1.4%	1.5	10	1000	420	300	200	90	100	150	20	40	2320	2.78	0.50	3.28
6	20	22	110%	1.5%	1.5	10	1000	495	300	200	90	100	150	20	40	2395	2.87		2.87

4.3 考核表
（直营店）

直营店考核表见表4.13。

表4.13 直营店KPI考核表

	考核指标	权重	计分规则	数据复核	
				复核部门	复核依据
1	会员拓展的销售金额达到每月销售指标的25%	10	达到25%，得100分；达到20%～24%，得50分；低于20%，得0分	信息中心	会员销售ERP数据月汇总表
2	会员消费占到每月销售指标的25%	10	达到25%，得100分；达到20%～24%，得50分；低于20%，得0分	信息中心	会员销售ERP数据月汇总表
3	全月开单奖	10	每人每天都保证开单，得100分，否则为0		
4	店铺操作（陈列、道具、卫生、店员形象及服务）考核	30	1.未按时完成规定完成陈列的，每次扣50分；2.店务抽查成绩不合格，每次扣100分；3.店务知识培训不及格，每人次扣50分；店务抽查不合格，每次扣50分（要求每周抽查一次）	营销服务部	店务照片、店务抽查表
5	ERP数据录入的及时性与准确性	20	1.未按时录入ERP数据，每次扣50分	信息计划部/信息中心	ERP录入情况抽查表
6			2.数据不实，如货物未短少，每次扣50分		
7			3.数据不实，如货物短少，按零售价赔偿外，每件扣50分	财务部	审计报告
8	人员管理	20		办公室	
	合计	100			

✒ 解读笔记

方案规定部门经理、总店经理的年薪根据回款额划分，那么年薪与回款之间的比例关系如何呢？

测算如下。

整理部门经理、总店经理的年薪占回款比，见表4.14、表4.15。

部门经理的年薪占回款比，约在0.35%～2.13%之间，平均比例0.94%。

总店经理的年薪占回款比，约在0.49%～1.67%之间，平均比例1.00%。

表4.14　部门经理的年薪占回款比

年薪	万元	14	13	13	12	12	11	11	10	10	8.5	平均比例
回款	万元	4000	4000	3500	3500	2900	2900	800	800	400	400	
比例	%	0.35%	0.33%	0.37%	0.34%	0.41%	0.38%	1.38%	1.25%	2.50%	2.13%	0.94%

表4.15　总店经理的年薪占回款比

年薪	万元	7.3	6.8	6.8	6.2	6.2	5.6	5.6	5	平均比例
回款	万元	1500	1500	700	700	500	500	300	300	
比例	%	0.49%	0.45%	0.97%	0.89%	1.24%	1.12%	1.87%	1.67%	1.00%

提成率根据回款完成率设置，总部自营店、直营店的提成率范围为：0%～2%（回款完成率小于70%，无提成；总店自营店回款完成率大于等于110%，直营店回款完成率大于等于100%，提成率2%封顶）。

系数的设置与提成率有多此一举的嫌疑。假如提成率相同，需要考虑回款完成率对提成的影响，设置系数是合理的；但提成率已经分段设置，再引用系数，则人为的因素占多了。

部门经理、总店经理的四季度及年终考核奖金打包在一起，通过"最终核定年薪-月实发总额"得到核定考核年薪，再通过年度考核得分对核定考核年薪浮动调节，最后扣除前三季度实发考核奖金。最终核定年薪是根据实际回款完成率重新套入年薪标准的。可见，对年薪、年薪考核奖金都做了浮动控制，只是逻辑有点绕。

直营店的考核表，看起来只是工作目标的考核，但与提成、薪资的关系不明确。

第5章

上市软件公司的分部门提成奖金方案

（IT企业的绩效案例解读）

这是一家上市软件公司，公司当时的组织架构有7个部门：销售一部、销售二部、技术部、工程部、研发部、财务部、综合部。方案的文本结构包含适用范围、薪酬结构及计算标准、基薪、业务提成系数说明、提成时间等。

各部门的薪资组成有三类：基薪+提成，适用销售一部、销售二部；基薪+提成+年终奖，适用技术部、工程部、研发部；基薪+年终奖，适用财务部、综合部。

基薪由公司根据不同体系（销售、技术、工程客服、研发、财务、行政）的工作岗位制定，并参照个人工作表现做小幅调整。

本章重点介绍奖金提成，按不同部门讲解。

5.1 销售一部的薪资组成与提成方案

销售一部有4种职位：区域经理、高级销售经理、销售经理、总监。薪资组成为基薪+提成,其中总监是部门预留提成。

§5.1.1 提成计算

1. 区域经理的提成计算

区域经理的提成计算,以部门、区域的进销差价为依据加权,引入4个调节系数。进销差价可理解为回款毛利。

计算公式:提成=($\sum$部门进销差价回款×0.8%/3+$\sum$区域进销差价回款×0.4%)×时间系数S×产品系数C×地域系数D×竞争系数J。

点评:0.8%/3,为何要除以3不清楚。

2. 高级销售经理的提成计算

高级销售经理的提成计算,以个人的回款毛利为依据,引入4个调节系数。

计算公式:提成=个人当月有效回款额×3%×时间系数S×产品系数C×地域系数D×竞争系数J。其中,当月有效回款额=当年产生的合同类到款额−硬件成本、技术服务费。

3. 销售经理的提成计算

销售经理的提成计算,与高级销售经理类似,只是提成比例从3%上浮为4%。

计算公式:提成=个人当月有效回款额×4%×时间系数S×产品系数C×地域系数D×竞争系数J。

4. 预留提成计算

预留提成以部门提成为依据,由总监调配。

计算公式:预留提成=部门提成×0.3%。

§5.1.2 系数说明

1. 时间系数

时间系数的条件和系数见表5.1。

表5.1　时间系数S

适用条件	时间系数S
到款时间在合约规定时间内	1.0
到款时间在合约规定时间外，且在三个月内	0.8
到款时间在合约规定时间外三个月以上	0.5

2.产品系数

产品系数的条件和系数见表5.2。

表5.2　产品系数C

适用条件	产品系数C	适用条件	产品系数C
某系统	1.4	硬件系统集成	0.9
虚拟交易系统	1.4	总部监控系统	0.9
交换机电话委托系统	1.2	财务软件	0.9
银证证券端系统	1.2	电话语音卡	0.8
备份系统	1.2	周边系统	0.8
代理软件	1.1	其他产品	1.0

3.地域系数

地域系数的条件和系数见表5.3。

表5.3　地域系数D

适用条件	地域系数D	适用条件	地域系数D
海南、广东、广西	1.3	河南、山西	1
湖北	0.8	江苏、上海、安徽	0.6
湖南、江西	1.3	浙江	1
福建	1.8	山东	1.2
云南、四川、西藏	1	北京	1.2
贵州、重庆	1.3	内蒙古、河北、天津	1.2
新疆、宁夏、甘肃、青海、陕西	1.1	黑龙江、吉林、辽宁	1.2

4.竞争系数J

竞争系数，指销售给竞争对手的用户，或替换竞争对手的产品的奖励系数。竞争系数的条件和系数见表5.4。

表5.4 竞争系数J

适用条件	竞争系数J	适用条件	竞争系数J
HS公司	1.3	JSD公司	1.3
JZ公司	1.2	DD公司	1.3
XYD公司	1.1	其他	1

§5.1.3 提成支付

分软件、硬件及代理产品2类,根据有效回款率支付,见表5.5。

表5.5 提成支付

	有效回款率	提成支付	剩余支付	适用情况
1	100%	全额提成×100%		软件
2	≥90%	全额提成×50%	剩余10%回款到账后,支付剩余的全额提成×50%	
3	100%	全额提成×100%		硬件、代理产品

§5.1.4 配合销售的提成比例划分

适用销售一部、二部的规定如下。

销售区域与责任人(销售经理)对应,配合人员对分属区域和责任人负责。有配合人员的销售区域,由责任人提交提成产生以后的分配比例,向销售总监报批后执行,对分配有异议的可越级反映。

适用销售一部的规定如下。

公司总部合约的50%业绩由签约区域提成,另50%根据营业部数量、分布地域,由各所属区域共同提成。营业部所在地区域工作没有做好,分配提成取消。

公司根据实际经营情况,保留每季度调整参数及计算公式的权力。

5.2 销售二部的薪资组成与提成方案

销售二部的薪资组成与提成方案，与销售一部类似，见表5.6。

区别在于：区域经理的提成计算只以部门的回款为依据，把"∑部门进销差价回款×0.8%/3+∑区域进销差价回款×0.4%"替换为"部门当月有效回款×0.4%"。预留提成的比例从0.3%下降为0.2%。

表5.6 销售二部的薪资组成、提成计算

部门	职位	薪资组成	提成	特点	备注	与销售一部比较
销售二部	区域经理	基薪+提成	提成=部门当月有效回款额×0.4%×时间系数S×产品系数C×地域系数D×竞争系数J	以部门的回款毛利为提成依据，引入4个调节系数		有区别
	高级销售经理	基薪+提成	提成=个人当月有效回款额×3%×时间系数S×产品系数C×地域系数D×竞争系数J	以个人的回款毛利为提成依据，引入4个调节系数	当月有效回款额=当年产生的合同类到款额-硬件成本、技术服务费	相同
	销售经理	基薪+提成	提成=个人当月有效回款额×4%×时间系数S×产品系数C×地域系数D×竞争系数J	以个人的回款额为提成依据，引入4个调节系数		相同
	总监	预留提成	预留提成=部门提成×0.2%	以部门提成为依据	由总监调配	有区别

5.3 技术部的薪资组成与提成奖金方案

技术部有项目组、测试室、发布室、专家组。薪资方案含提成、年终奖。下面分类介绍。

§5.3.1 提成计算

1. 项目1组的提成计算

提成=开发、维护产品有效回款额×2%。考核指标：开发50%，维护50%。其中，有效回款额=某系统升级×0.8+某系统新点×0.8+备份方案+银证转账接口产品/3+银证转账/3+银证通/3。

除以3的原因不清楚。

2. 项目2组的提成计算

提成=开发、维护产品有效回款额×1.9%。考核指标：开发75%，维护25%。其中，有效回款额=VSP产品提成×0.8+银证转账接口产品/3+银证转账/3+银证通/3。

3. 项目3组的提成计算

提成=开发、维护产品有效回款额×4.7%。考核指标：开发50%，维护50%。其中，有效回款额=总部监控+自营系统+开放式基金。

4. 项目4组的提成计算

提成=SW证券公司的维护费×12.8%。考核指标：维护100%。

5. 项目5组的提成计算

提成=开发、维护产品有效回款额×1.6%。考核指标：开发75%，维护25%。其中，有效回款额=银证转账接口产品/3+银证转账/3+银证通/3。

6. 项目6组的提成计算

提成=开发、维护产品有效回款额×4.8%×3。考核指标：开发50%，维护50%。其中，有效回款额=交换机电话委托系统+语音卡+远程系统+代理软件+某系统升级×0.2+某系统新点×0.2。

7. 测试室的提成计算

提成=部门提成×7%。

8. 发布室的提成计算

提成＝部门提成×3%。

9. 专家室的提成计算

提成＝部门提成×7%。

10. 各项目组的提成计算

补充提成＝某产品有效回款额×2.4%。

11. 提成支付

各项目组按版本完整开发周期核算项目提成，开发周期超过1个月，可预提不超过50%的提成。

12. 考核

技术部项目组、发布室、测试室、专家组的提成奖金与各部门考核指标挂钩，根据考核结果相应增加、扣减提成额，各部门考核指标另外发布。

§5.3.2 年终奖

在完成业绩的条件下，技术部员工的年终奖，根据个人年终绩效考核结果发放。未完成业绩时，年终奖按未完成比例递减。

5.4 工程部的薪资组成与提成奖金方案

工程部含工程一处、二处、客服中心3个小部门。薪资组成包括提成、年终奖。

§5.4.1 提成计算（工程一处、二处、客服中心）

1. 工程部一处、二处的提成计算

根据销售一部、二部"上点工程"的有效回款额，按不同产品提成额提取。

计算公式：提成＝单价×次数。单价标准见表5.7。

表5.7 工程一处、二处的提成标准

序号	类型	提成标准（元/次）
1	本公司3代升级至某系统	700
2	更换非本公司用户至某系统	900
3	集中式电话委托系统	200
4	普通式电话委托系统	80
5	远程系统	200
6	备份系统	200
7	代理产品	200
8	某交易系统升级	50
9	银证通系统	1300
10	银证转账系统	300

2.客服中心的提成

提成＝全年签订维护合同×4%，其中，3%用于客服中心的提成分配，1%用于维护合同签约人员的提成。

3.提成支付时间

工程师的提成，必须在工程项目完工后，收到有效回款时，才能根据不同产品的提成额进行提取，需与考核指标挂钩，根据考核结果发放。见表5.5。

客服中心按月提取，需与考核指标挂钩，依据季度考核结果发放。客服中心考核指标另外制定。

§5.4.2 年终奖

在完成业绩的条件下，工程部员工的年终奖，根据个人年终绩效考核结果发放。未完成业绩时，年终奖按未完成比例递减。计算公式：员工年终考核分＝自评×0.6+直接主管考评×0.2+部门经理考评×0.2。

工程处经理、客服中心主任的年终考评分＝自评×0.7+部门经理考评×0.3。

5.5　研发部的薪资组成与提成奖金方案
（提成、年终奖、基薪）

1. 提成

计算公式：提成＝产品有效回款×2.9%。

项目经理、产品经理、研发部专家的销售提成，由研发部总监发放。其余人员的销售提成由项目经理根据各人的工作态度、任务完成情况、工作职位、技能、工作年限进行综合考评发放。

研发部按版本完整开发周期核算项目提成，由于该部开发项目周期较长，可按总额不超过70%比例预提，在实际发放提成时返扣。

2. 年终奖

年终奖＝（年收入－销售提成）×0.2。

在完成业绩的条件下，研发部员工的年终奖根据个人年终绩效考核结果发放；未完成业绩时，年终奖按未完成比例递减。

3. 基薪

基薪＝（年收入－销售提成）×0.8。

5.6　财务部、综合部的薪资组成与奖金方案

财务部、综合部，员工年收入＝基薪＋年终奖

年终奖：在完成业绩的条件下，员工的年终奖根据个人年终绩效考核结果发放；未完成业绩时，年终奖按未完成比例递减。

各部门考核指标另外制定。

解读笔记

本方案有如下几个特点。

分部门撰写方案。基薪、提成、奖金，根据部门进行不同组合。引入了时间系数、产品系数、地域系数、竞争系数等。提成支付要求回款率90%以上才能开始支付（软件类），或100%回款率才能开始支付（硬件、代理类）。项目开发周期长的部门提成按一定比例预支。

看完本案例，对软件公司各部门的薪酬（提成奖金）方案基本有了了解。但提成比例、系数、每种业务的分类，都需要根据公司实际重新修订。

不足之处是对于提成出来后如何考核，缺乏更多的考核指标。

第6章

营销部门的分类考核

（某制造公司的销售考核案例解读）

  本章讲述某制造公司的销售考核方案特点。公司营销体系的考核包括行业部经理、渠道部经理；大区经理、大区行业主管、大区渠道主管；支持部门。

  营销考核激励方案的导向是销售额、行业市场突破，兼顾毛利率提高。行业部经理、渠道部经理的薪资不占大区的薪资包。

  总体上，该公司的销售考核对行业（渠道）、大区、支持部门的三大类考核分类，各有特点。在考核与薪资奖励的挂钩上有不同的计算方式。在KPI的选取方面也有差别，但在KPI的指标描述方面，按照指标定义、数据来源、计分规则、目标值等规范撰写，较为清晰。

6.1 行业、渠道部经理的考核

（某制造公司的销售考核解读一）

§6.1.1 行业部经理的考核

行业部经理的考核指标有5个：销售任务完成率（20%）、行业销售任务完成率（20%）、入围目标完成率（40%）、销售费用预算控制率（10%）、平均折扣率（10%）。

1. 销售任务完成率（20%）

（1）指标定义

销售任务完成率是指反映和检测公司国内销售整体完成情况的一个指标。通过这一指标的考核以达到检查和督促部门完成当期销售额的一种考核方法，即实际完成销售额与销售任务额的比值。

计算公式：

销售任务完成率X=实际销售额/销售任务额；

季度销售任务完成率=季度实际销售额/季度销售任务额；

年度销售任务完成率=年度实际销售额/年度销售任务额。

（2）数据来源

由商务部定期对被考核部门的实际销售额进行统计，在考核期后6日内报送人力资源部。

（3）计分规则

X≥20%，得130分；0%＜X＜20%，每增长1%，在80分基础上加2.5分；X=0%，得80分；X＜0%，得0分。

（4）目标值

目标值=20%，销售任务额基准值=3.2亿元。

2. 行业销售任务完成率（20%）

（1）指标定义

行业销售任务完成率是指反映和检测公司行业销售完成情况的一个指标。通过这一指标的考核以达到检查和督促部门完成当期行业销售额的一种考核方法，即实际完成销售额与销售任务额的比值。

计算公式：

行业销售任务完成率 X＝行业实际销售额/行业销售任务额；

季度行业销售任务完成率＝季度行业实际销售额/季度行业销售任务额；

年度行业销售任务完成率＝年度行业实际销售额/年度行业销售任务额。

（2）数据来源

由商务部定期对被考核部门的实际销售额进行统计，在考核期后6日内报送人力资源部。

（3）计分规则

X≥20%，得130分；0%＜X＜20%，每增长1%，在80分基础上加2.5分；X=0%，得80分；X＜0%，得0分。

（4）目标值

目标值=20%，行业销售任务额基准值=1.7亿元。

3. 入围目标完成率（40%）

（1）指标定义

入围目标完成率是指反映和检测公司在行业销售竞标过程中的夺标情况。以招标结果公布的月份来计算。

计算公式：

入围目标完成率 X＝中标个数/招标总数；

季度入围目标完成率＝季度中标个数/季度招标总数；

年度入围目标完成率＝年度中标个数/年度招标总数。

（2）数据来源

由行业部和售前支持部对被考核部门所负责的行业或区域所有的招投标信息进行收集与统计，计算每个考核期内所有的招标总数和中标个数，在考核期后6日内报送人力资源部。

（3）计分规则

X≥5%，得130分；0%＜X＜5%，每增长1%，在80分基础上加10分；X=0%，得80分；X＜0%，得60分。

（4）目标值

目标值=5%，入围目标完成率基准值=90%。

4.销售费用预算控制率（10%）

（1）指标定义

销售费用预算控制率直接反映公司销售成本费用支出对利润的贡献水平，用于衡量区域与营销中心对销售费用预算的执行情况，同时反映公司在销售费用使用与控制方面的管理水平。

计算公式：

销售费用预算控制率X=实际销售费用/销售费用预算额；

季度销售费用预算控制率=季度实际销售费用/季度销售费用预算额；

年度销售费用预算控制率=年度实际销售费用/年度销售费用预算额。

（2）数据来源

由财务部对被考核部门所负责的行业或区域的实际销售费用进行统计，在考核期后6日内报送人力资源部。

（3）计分规则

X≥10%，得0分；0%＜X＜10%，得60分；X=0%，得80分；X≤-10%，得130分；-10%≤X＜0%，每节省1%，在80分基础上加5分。

（4）目标值

目标值=-10%。销售费用预算控制率基准值=100%。

5.平均折扣率（10%）

（1）指标定义

平均折扣率（利润系数）直接反映公司价格政策对利润的贡献水平，用于衡量各区域在销售过程中对客户的把握，对竞争对手的了解和对公司价格体系的执行情况。

计算公式：

平均折扣率X＝特价总金额/（销售总额＋特价总金额）；

季度平均折扣率＝季度特价总金额/（季度销售总额＋季度特价总金额）；

年度平均折扣率＝年度特价总金额/（年度销售总额＋年度特价总金额）。

（2）数据来源

由商务部对被考核部门所负责的行业或区域的实际销售费用进行统计，在考核期后6日内报送人力资源部。

（3）计分规则

X＞0%，得0分；X＜-5%，得130；-5%≤X≤0%，每节省1%，在20分基础上加20分。

（4）目标值

目标值=-5%。平均折扣率基准值=10%。

§6.1.2　渠道部经理的考核

渠道部经理的考核指标有5个：销售任务完成率（30%）、渠道销售任务完成率（40%）、应收账款周转率（10%）、销售费用预算控制率（110%）、平均折扣率（10%）。

> **解读笔记**
>
> 渠道部经理的考核指标少了一个入围目标完成率，多了一个应收账款周转率，其他指标类似，权重有所侧重。

1. 应收账款周转率（10%）

（1）指标定义

应收账款周转率是反映在销售过程中销售人员对公司流动资产周转、营运资金保障及经营风险控制等方面贡献的一个指标，衡量各区域在销售信用政策执行、货款回收等方面的工作情况。

计算公式：

应收账款周转率X＝当期销售额/期末应收账款余额；

季度应收账款周转率＝季度销售额/季度末应收账款余额；

年度应收账款周转率＝年度销售额/年度末应收账款余额。

（2）数据来源

由商务中心对各个区域销售与回款情况进行记录与汇总，在每个考核期后6日内报送人力资源部。

（3）计分规则

X＞90，得0分；X＜70，得130分；70≤X≤90，每少1天，在20分基础上加5分。

（4）目标值

目标值＝90天，基准值＝70天。

2. 其他指标

销售任务完成率、渠道任务完成率、销售费用预算控制率、平均折扣率，指标定义、数据来源、计分规则、目标值参考行业部经理。

区别点：其中渠道销售任务额的基准值＝1.3亿元。需扣除行业部集中投标外的销售额。

§6.1.3 考核奖励挂钩与考核分测算

考核分划分为8段，分别对应5个考核等级，从0%～20%的8个奖励比例。见表6.1。

表6.1 考核奖励挂钩

分数	考核等级	奖励比例
0～59	E	0%
60～69	D	2%
70～79	D	4%
80～89	C	6%
90～99	C	8%
100～109	B	10%
110～119	B	14%
120～130	A	20%

1.行业部经理的考核分测算

行业部经理的考核分测算，见表6.2。

增长率计算公式的区别：销售任务完成率、行业销售任务完成率的实际增长率=实际数/基准数−1；入围目标完成率、销售费用预算控制率、平均折扣率的实际增长率=实际率−基准率。

得分的Excel计算公式技巧如下。

假定在Excel表中，增长率在I列2行，则销售任务完成率得分的多重IF函数计算公式设置为K3=IF(I3≥20%,130,IF(0%＜I3,80+2.5*I3*100,IF (I3=0%,80,0)))。

注意：I3不是13，前面是字母符号"I"。

其他指标的多重IF函数计算公式设置如下。

（1）行业销售任务完成率

K4=IF (I4≥20%,130,IF(0%＜I4,80+2.5*I4*100,IF(I4=0%,80,0)))

（2）入围目标完成率

K5=IF (I5≥5%,130,IF(0%＜I5,80+10*I5*100,IF(I5=0%,80,60)))

（3）销售费用预算控制率

K6=IF (I6≥10%,0,IF(0%＜I6,60,IF(I6=0%,80,80−I6*100*5)))

（4）平均折扣率

K7=IF(I7＞0%,0,IF(I7＜−5%,130,20−I7*20*100))

加权得分=权重×得分。则销售任务完成率的得分Excel计算公式：L3=C3*K3

合计得分=∑加权得分。则合计得分的Excel计算公式为：L8=SUM(L3:L7)。

模拟数据结果，行业部经理考核分=83.5分。

表6.2 行业部经理考核分测算

序号	核心绩效指标	权重	目标值	评分标准	单位	基准值	实际值	增长率X	增长率计算	得分	加权得分
1	销售任务完成率	20%	20%	X≥20%，得130分；0%＜X＜20%，每增长一个点，在80分基础上加2.5分；X=0%，得80分；X＜0%，得0分	亿	3	3.3	10.0%	实际值/目标值-1	105.0	21.0
2	行业销售任务完成率	20%	20%	X≥20%，得130分；0%＜X＜20%，每增长一个点，在80分基础上加2.5分；X=0%，得80分；X＜0%，得0分	亿	1.7	1.82	7.1%	实际值/目标值-1	97.6	19.5
3	入围目标完成率	40%	5%	X≥5%，得130分；0%＜X＜5%，每增长一个点，在80分基础上加10分；X=0%，得80分；X＜0%，得60分	%	90%	88%	-2.0%	实际值-目标值	60.0	24.0
4	销售费用预算控制率	10%	-10%	X≥10%，得0分；0%＜X＜10%，得60分；X=0%，得80分；X≤-10%，得130分；-10%≤X＜0%，每节省一个点，在80分基础上加5分	%	100%	98%	-2.0%	实际值-目标值	90.0	9.0
5	平均折扣率	10%	-5%	X＞0%，得0分；X＜-5%，得130；-5%≤X≤0%，每节省一个点，在20分基础上加20分	%	10%	6.00%	-4.0%	实际值-目标值	100.0	10.0
	总计	100%									83.5

2.渠道部经理考核分测算

渠道部经理考核分测算，见表6.3。

假定在Excel表中，实际值在H列2行，则应收账款周转率的得分Excel公式设置为：K5=IF(H5＞90,0,IF(H5≥70,20−I5*5,130))。

渠道部经理考核分模拟结果=97.1分。

表6.3 渠道部经理考核分测算

序号	核心绩效指标	权重	目标值	评分标准	单位	基准值	实际值	增长率X	增长率计算	得分	加权得分
1	销售任务完成率	30%	20%	X≥20%，得130分；0%＜X＜20%，每增长一个点，在80分基础上加2.5分；X=0%，得80分；X＜0%，得0分	亿	3	3.3	10.0%	实际值/目标值−1	105.0	31.5
2	渠道销售任务完成率	40%	20%	X≥20%，得130分；0%＜X＜20%，每增长一个点，在80分基础上加2.5分；X=0%，得80分；X＜0%，得0分	亿	1.7	1.82	7.1%	实际值/目标值−1	97.6	39.1
3	应收账款周转率	10%	90	X＞90，得0分；X＜70，得130分；70≤X≤90，每少一天，在20分基础上加5分	天	70	75	−15		95.0	9.5
4	销售费用预算控制率	10%	−10%	X≥10%，得0分；0%＜X＜10%，得60分；X=0%，得80分；X≤−10%，得130分；−10%≤X＜0%，每节省一个点，在80分基础上加5分	%	100%	98%	−2.0%	实际值−目标值	90.0	9.0
5	平均折扣率	10%	−5%	X＞0%，得0分；X＜−5%，得130；−5%≤X≤0%，每节省一个点，在20分基础上加20分	%	10%	7.00%	−3.0%	实际值−目标值	80.0	8.0
	总计	100%									97.1

6.2 大区经理、大区行业主管、大区渠道主管的提成考核方案

（某制造公司的销售考核解读二）

本节介绍大区的销售考核，包括大区、大区经理、大区行业主管、大区渠道主管的年终奖计算、KPI考核表。

§6.2.1 区域岗位分类年终奖计算

1.区域年终奖总额计算公式

区域年终奖总额=A_1+A_2，其中，A_1=（区域销售任务额S_1×0.15%+超额完成的销售额S_2×1.5%）×区域公司级行业中标率M×销售质量系数Q×销售额达成率×40%。

A_2=国内销售部平均奖金A×大区人数N×（区域均衡系数×0.4+区域公司级行业中标率×0.6）×60%。

区域公司级行业中标率=区域公司级指定行业当期订单总数/区域公司级指定行业当期招标总数。

销售质量系数=1−区域特价总额/（区域销售总额+特价总额）。

区域均衡系数=大区各省的销售额达成率（扣除公司级行业销售额）的乘积。

测算如下。

区域年终奖的测算，见表6.4。

A_1的测算，见表6.5。

A_2的测算，见表6.6。

区域公司级行业中标率的测算，见表6.7。

销售质量系数的测算，见表6.8。

区域均衡系数的测算，见表6.9。

表6.4 区域年终奖的测算

A₁	A₂	区域年终奖
万元	万元	万元
1.08	14.74	15.83

表6.5 A₁的测算

区域销售目标	区域实际销售额	区域超额销售额	提成率1	超额提成率2	提成	区域公司级行业中标率	销售质量系数	销售额达成率	系数	A₁
万元	万元	万元				%		万元		万元
1000	1200	200	0.15%	1.50%	4.5	56.4%	88.9%	120%	0.4	1.08

表6.6 A₂的测算

国内销售部平均奖	大区人数	区域均衡系数	系数1	区域公司级行业中标率	系数2	系数	A₂
万元	人			%			万元
0.35	50	2.66	0.4	56.36%	0.6	0.6	14.74

表6.7 中标率的计算

区域公司级指定行业当期订单总数	区域公司级指定行业当期招标总数	区域公司级行业中标率
个	个	%
62	110	56.4%

表6.8 销售质量系数的测算

区域特价总额 U_1	区域销售总额 U_2	U_1+U_2	$L=1-U_1/(U_1+U_2)$
万元	万元	万元	%
150	1200	1350	88.9%

表6.9 区域均衡系数的测算

省份	A省	B省	C省	D省	E省	合计
目标销售额	200	200	200	200	200	1000
实际销售额	190	220	250	200	340	1200
销售额达成率	95%	110%	125%	100%	170%	120%
区域均衡系数	2.66					

2.大区经理的薪资计算

（1）当期有投标情况的计算公式

大区经理季度绩效奖金额G=标准年薪×提成薪资占比/4×（中标率×0.6+销售额达成率×0.4）。

大区经理标准年薪=12万。提成薪资占比=40%。

区域公司级行业中标率的计分规则：当M＜50%时，M值为0；当M＞80%时，M值为1；当50%≤M≤80%时，M为实际值。

销售额达成率P的计分规则：当P＜100%时，P值为0；当P≥100%时，P值为1。

投标包含议标、邀标、公开投标，如税务系统入围厂商较多，如果在各省采用邀标或议标，即使X公司未被列入邀标议标之列，也记入招标总数，订单以签订合同或获得中标通知书为准。

公司级指定行业包含银行、运营商、税务系统。其中两家银行、一家运营商不作为行业中标率的计算范围。

各季的绩效薪酬部分的计算和获取为一次性。

（2）当期无投标情况的计算公式

如果本季指定的各行业没有任何投标，大区经理季度绩效奖金G＝标准年薪×提成薪资占比/4×销售额达成率。

（3）测算

大区经理季度绩效奖金测算，见表6.10。

Excel公式设置技巧如下。

假定中标率得分在F列，情况1在5行，则情况1的中标率得分的Excel公式设置为：F5=IF(E5＜50%,0,IF(E5＜80%,E5,100%))。

情况1的销售额达成率得分的Excel公式设置为：I5=IF(H5＜100%,0,1)。

下拉公式，得到情况2～5的中标率得分、销售额达成率得分的公式设置。

表6.10 大区经理季度绩效奖金的测算

情况	标准年薪	提成薪资占比	季度提成薪资占比	中标率M	中标率得分	系数1	销售额达成率P	销售额达成率得分	系数2	季度提成基数	综合系数	大区经理季度绩效奖金
	万元	万元	%	%	分		万元	分		万元		万元
a	b	c	d	e	f	g	h	i	j	k=b×c×d	l=f×g+i×j	m=k×l
1	12	0.4	25%	48.0%	0.000	0.6	80%	0.0	0.4	1.2	0.000	0.00
2	12	0.4	25%	51.0%	0.510	0.6	90%	0.0	0.4	1.2	0.306	0.37
3	12	0.4	25%	79.0%	0.790	0.6	100%	1.0	0.4	1.2	0.874	1.05
4	12	0.4	25%	81.0%	1.000	0.6	110%	1.0	0.4	1.2	1.000	1.20
5	12	0.4	25%	90.0%	1.000	0.6	120%	1.0	0.4	1.2	1.000	1.20

3. 大区行业主管的薪资计算

（1）计算公式

行业主管季度绩效奖金额G＝标准年薪A×提成薪资占比/4×（区域公司级行业中标率M_1×0.6+省级行业中标率M_2×0.2+销售额达成率P×0.2）

（2）标准年薪

行业主管的标准年薪A=8.4万元。

（3）区域公司级行业中标率M_1

区域公司级行业中标率M_1=区域公司级指定行业本季或本年订单总数/区域公司级指定行业本季或本年招标总数。

当$M_1<0.5$时，M_1值为0；当$M_1>0.8$时，M_1值为1；当$0.5 \leq M_1 \leq 0.8$时，M_1为实际值。

（4）省级行业中标率M_2

省级行业中标率M_2=区域省级指定行业本季或本年订单总数/区域省级指定行业本季或本年招标总数。

当$M_2<0.2$时，M_2值为0；当$M_2>0.7$时，M_2值为1；当$0.2 \leq M_2 \leq 0.7$时，M_2为实际值。

(5) 销售额达成率P

销售额达成率P=大区本季或季度累积实际销售额/大区本季或季度累积的销售任务额。当P<1时，P值为0；当P≥1时，P值为1。

省级指定行业系统：除了公司级的行业外，还包含各省商业银行、证券公司等。

(6) 当期无投标时的计算公式

如果本季指定的各行业没有任何投标，大区行业主管的季度绩效奖金G=标准年薪×提成薪资占比/4×销售额达成率。

(7) 测算

大区行业主管的季度绩效奖金的测算，见表6.11。

表6.11 大区行业主管的季度绩效奖金的测算

情况	标准年薪	提成薪资占比	季度提成薪资占比	公司级中标率M_1	公司级行业中标率得分	系数1	销售额达成率P	销售额达成率得分	系数2	省区级行业中标率M_2	省区级行业中标率得分	系数3	季度提成基数	综合系数	大区经理季度绩效奖金
	万元	万元	%	%	分		万元	分					万元		万元
a	b	c	d	e	f	g	h	i	j	k	l	m	n	o=f×g+i×j+l×m	p=n×o
1	8	0.4	25%	48.0%	0.000	0.4	80%	0.0	0.2	55%	0.55	0.2	0.8	0.110	0.09
2	8	0.4	25%	51.0%	0.510	0.4	90%	0.0	0.2	76%	1.00	0.2	0.8	0.204	0.16
3	8	0.4	25%	79.0%	0.790	0.4	100%	1.0	0.2	99%	1.00	0.2	0.8	0.516	0.41
4	8	0.4	25%	81.0%	1.000	0.4	110%	1.0	0.2	19%	0.00	0.2	0.8	0.600	0.48
5	8	0.4	25%	90.0%	1.000	0.4	120%	1.0	0.2	66%	0.66	0.2	0.8	0.600	0.48

4.大区渠道主管的薪资计算

(1) 计算公式

大区渠道主管季度绩效奖金额G＝标准年薪A×提成薪资占比/4×（销售额达成率P×0.6+省区销售平衡系数B×0.4）

（2）标准年薪

大区渠道主管的标准年薪 A=8.4 万元。

（3）销售额达成率

销售额达成率（扣除公司级行业销售额）P=大区本季或季度累积实际销售额/大区本季或季度累积的销售任务额。

当 P＜1 时，P 值为 0；当 P≥1 时，P 值为 1。

（4）省区销售平衡系数 B

省区销售平衡系数 B=∏（区内各省实际销售额/区内各省任务销售额），即大区各省份各自的销售额达成率（扣除公司级行业销售额）之乘积。注意：∏表示乘积。

（5）测算

大区渠道主管的季度绩效奖金的测算，见表 6.12。

省区销售平衡系数的测算，见表 6.13。

表6.12　大区渠道主管的季度绩效奖金的测算

情况	标准年薪	提成薪资占比	季度提成薪资占比	销售额达成率P	销售额达成率得分	系数1	省区平衡系数B	系数2	季度提成基数	综合系数	大区渠道主管季度绩效奖金
	万元	万元	%	万元	分				万元		万元
a	b	c	d	e	f	g	h	i	j	k=f×g+h×i	l=j×k
1	8.4	0.4	25%	80%	0.0	0.6	1.31	0.4	0.84	0.523	0.44
2	8.4	0.4	25%	90%	0.0	0.6	1.31	0.4	0.84	0.523	0.44
3	8.4	0.4	25%	100%	1.0	0.6	1.31	0.4	0.84	1.123	0.94
4	8.4	0.4	25%	110%	1.0	0.6	1.31	0.4	0.84	1.123	0.94
5	8.4	0.4	25%	120%	1.0	0.6	1.31	0.4	0.84	1.123	0.94

表6.13　省区销售平衡系数的测算

省份	A省	B省	C省
目标销售额	200	200	200
实际销售额	190	220	250

续表

省份	A省	B省	C省
销售额达成率	95%	110%	125%
省区销售均衡系数	1.31		

§6.2.2　区域岗位KPI考核表

大区经理、大区行业主管、大区渠道主管的KPI考核表，分别见表6.14、表6.15、表6.16。

表6.14　大区经理的KPI考核表

KPI	指标定义	数据来源	计算公式	统计口径
销售额达成率	是指反映和检测公司国内销售整体完成情况的一个指标。通过这一指标的考核以达到检查和督促部门完成当期销售额的一种考核方法，即实际完成销售额与销售任务额的比值	由商务部定期对被考核部门的实际销售额进行统计，在考核期后6日内报送人力资源部	销售额达成率=实际销售额/销售任务额	季度销售额达成率=季度实际销售额/季度销售任务额；年度销售额达成率=年度实际销售额/年度销售任务额
入围目标完成率	是指反映和检测公司在行业销售竞标过程中的夺标情况。以招标结果公布的月份来计算	由行业部和售前支持部对被考核部门所负责的行业或区域所有的招投标信息进行收集与统计，计算每个考核期内所有的招标总数和中标个数，在考核期后6日内报送人力资源部	入围目标完成率=中标个数/招标总数	季度入围目标完成率=季度中标个数/季度招标总数；年度入围目标完成率=年度中标个数/年度招标总数
销售费用预算控制率	该指标直接反映公司销售成本费用支出对利润的贡献水平，用于衡量区域与营销中心对销售费用预算的执行情况，同时反映公司在销售费用使用与控制方面的管理水平	由财务部对被考核部门所负责的行业或区域的实际销售费用进行统计，在考核期后6日内报送人力资源部	销售费用预算控制率=实际销售费用/销售费用预算额	季度销售费用预算控制率=季度实际销售费用/季度销售费用预算额；年度销售费用预算控制率=年度实际销售费用/年度销售费用预算额

续表

KPI	指标定义	数据来源	计算公式	统计口径
平均折扣率（利润系数）	该指标直接反映公司价格政策对利润的贡献水平，用于衡量各区域在销售过程中对客户的把握，对竞争对手的了解和对公司价格体系的执行情况	由商务部对被考核部门所负责的行业或区域的实际销售费用进行统计，在考核期后6日内报送人力资源部	平均折扣率=特价总金额/（销售总额+特价总金额）	季度平均折扣率=季度特价总金额/（季度销售总额+季度特价总金额）；年度平均折扣率=年度特价总金额/（年度销售总额+年度特价总金额）
应收账款周转率	是反映在销售过程中销售人员对公司流动资产周转、营运资金保障及经营风险控制等方面贡献的一个指标，衡量各区域在销售信用政策执行、货款回收等方面的工作情况	由商务部对各个区域销售与回款情况进行记录与汇总，在每个考核期后6日内报送人力资源部	应收账款周转率=当期销售额/期末应收账款余额	季度应收账款周转率=季度销售额/季度末应收账款余额；年度应收账款周转率=年度销售额/年度末应收账款余额

表6.15　大区行业主管的KPI考核表

KPI	指标定义	数据来源	计算公式	统计口径
销售额达成率	是指反映和检测公司国内销售整体完成情况的一个指标。通过这一指标的考核以达到检查和督促部门完成当期销售额的一种考核方法，即实际完成销售额与销售任务额的比值	由商务部定期对被考核部门的实际销售额进行统计，在考核期后6日内报送人力资源部	销售额达成率=实际销售额/销售任务额	季度销售额达成率=季度实际销售额/季度销售任务额；年度销售额达成率=年度实际销售额/年度销售任务额
公司级行业突破率	是指反映和检测公司在行业销售竞标过程中的夺标情况。以招标结果公布的月份来计算	由行业部与售前支持部对被考核部门所负责的行业或区域所有的招投标信息进行收集与统计，计算每个考核期内所有的招标总数和中标个数，在考核期后6日内报送人力资源部	公司级行业突破率=公司级行业中标个数/公司级行业招标总数	季度公司级行业突破率=季度公司级行业中标个数/季度公司级行业招标总数；年度公司级行业突破率=年度公司级行业中标个数/年度公司级行业招标总数

续表

KPI	指标定义	数据来源	计算公式	统计口径
省级行业突破率	是指反映和检测公司在行业销售竞标过程中的夺标情况。以招标结果公布的月份来计算	由大区总监和售前支持部对被考核行业主管所负责的行业或区域所有的招投标信息进行收集与统计，计算每个考核期内所有的招标总数和中标个数，在考核期后6日内报送人力资源部	省级行业突破率=省级行业中标个数/省级行业招标总数	季度省级行业突破率=季度省级行业中标个数/季度省级行业招标总数；年度省级行业突破率=年度省级行业中标个数/年度省级行业招标总数
应收账款周转率	是反映在销售过程中销售人员对公司流动资产周转、营运资金保障及经营风险控制等方面贡献的一个指标，衡量各区域在销售信用政策执行、货款回收等方面的工作情况	由商务部对各个区域销售与回款情况进行记录与汇总，在每个考核期后6日内报送人力资源部	应收账款周转率=当期销售额/期末应收账款余额	季度应收账款周转率=季度销售额/季度末应收账款余额；年度应收账款周转率=年度销售额/年度末应收账款余额
培训与学习参与度（个人成长指标维度）	是反映个人完成培训及积极学习的程度，衡量个人在知识积累及进取态度方面的状况	由人力资源部培训主管对销售人员进行培训与学习的跟踪并进行评分，在每个考核期后6日内报送人力资源部	培训与学习参与度=培训积分/满分	季度培训与学习参与度=季度培训积分/季度满分；年度培训与学习参与度=年度培训积分/年度满分

表6.16 大区渠道主管的KPI考核表

KPI	指标定义	数据来源	计算公式	统计口径
销售额达成率（扣除公司级行业额）（同上）	是指反映和检测公司国内销售整体完成情况的一个指标。通过这一指标的考核以达到检查和督促部门完成当期销售额的一种考核方法，即实际完成销售额与销售任务额的比值	由商务部定期对被考核部门的实际销售额进行统计，在考核期后6日内报送人力资源部	销售额达成率=实际销售额/销售任务额	季度销售额达成率=季度实际销售额/季度销售任务额；年度销售额达成率=年度实际销售额/年度销售任务额

续表

KPI	指标定义	数据来源	计算公式	统计口径
省区销售平衡系数	是反映区域销售均衡情况的一个指标，衡量区域内各省份销售任务完成的平衡状况	由商务部对各个省区的实际销售额进行记录与统计，在每个考核期后6日内报送人力资源部	省区销售平衡系数=∏（区内各省实际销售额/区内各省任务销售额）	季度省区销售平衡系数=∏（区内各省季度实际销售额/区内各省季度任务销售额）；年度省区销售平衡系数=∏（区内各省年度实际销售额/区内各省年度任务销售额）。其中∏为连乘符号
应收账款周转率	是反映在销售过程中销售人员对公司流动资产周转、营运资金保障及经营风险控制等方面贡献的一个指标，衡量各区域在销售信用政策执行、货款回收等方面的工作情况	由商务部对各个区域销售与回款情况进行记录与汇总，在每个考核期后6日内报送人力资源部	应收账款周转率=当期销售额/期末应收账款余额	季度应收账款周转率=季度销售额/季度末应收账款余额；年度应收账款周转率=年度销售额/年度末应收账款余额
培训与学习参与度（个人成长指标维度）	是反映个人完成培训及积极学习的程度，衡量个人在知识积累及进取态度方面的状况	由人力资源部培训主管对销售人员进行培训与学习的跟踪并进行评分，在每个考核期后6日内报送人力资源部	培训与学习参与度=培训积分/满分	季度培训与学习参与度=季度培训积分/季度满分；年度培训与学习参与度=年度培训积分/年度满分

6.3 销售支持部门的KPI考核
（某制造公司的销售考核解读三）

本节介绍销售支持部门的KPI考核表，包括售前支持部、市场部、行业部、产品部、综合部、售后服务部。

售前支持部的KPI表，见表6.17。

市场部的KPI考核表，见表6.18。

行业部的KPI考核表，见表6.19。

表6.17 售前支持部KPI表

维度	KPI	权重	基数	增长目标值	评分标准
质量	1.复审合格率	25%	100%	0%	=0%得110分；<0%得0分
质量	2.中标率	15%	85%	5%	≥5%得130分；>0%且<5%，每增长一个点，在80分基础上加10分；=0%得80分；<0%得60分
质量	3.客户满意度	30%	85%	5%	≥5%得130分；>0%且<5%，每增长一个点，在80分基础上加10分；=0%得80分；<0%得60分
时间	4.标书及解决方案制作及时性	20%	100%	0%	=0%得110分；<0%得0分
成本	5.费用预算控制率	10%	100%	-10%	≥10%得0分；>0%且<10%得60分；=0%得80分；≤-10%得130分；介于0%到-10%之间，每节省一个点，在80分基础上加5分
减分项	6.相关部门投诉次数				说明：每被投诉一次扣减部门分5分，部门累计被投诉超过5次，取消一切奖励

表6.18 市场部的KPI考核表

维度	KPI	权重	基数	增长目标值	评分标准
数量	1.市场推广活动次数	10%	15	20%	≥20%得130分；>0%且<20%，每增长一个点，在80分基础上加2.5分；=0%得80分；<0%得60分
数量	2.行业新闻发布数量	15%	40	20%	≥20%得130分；>0%且<20%，每增长一个点，在80分基础上加2.5分；=0%得80分；<0%得60分
质量	3.销售任务完成率	10%	100%	20%	≥20%得130分；>0%且<20%，每增长一个点，在80分基础上加2.5分；=0%得80分；<0%得60分
质量	4.销售工具制作质量	15%	85	5%	≥5%得130分；>0%且<5%，每增长一个点，在80分基础上加10分；=0%得80分；<0%得60分
质量	5.市场推广计划合理性	15%	85	5%	≥5%得130分；>0%且<5%，每增长一个点，在80分基础上加10分；=0%得80分；<0%得60分

续表

维度	KPI	权重	基数	增长目标值	评分标准
时间	6.信息对外发布及时性	10%	85	5%	≥5%得130分；>0%且<5%，每增长一个点，在80分基础上加10分；=0%得80分；<0%得60分
	7.网站更新及时性	5%	85	5%	≥5%得130分；>0%且<5%每增长一个点在80分基础上加10分；=0%得80分；<0%得60分
成本	8.费用预算控制率	20%	100%	-10%	≥10%得0分；>0%且<10%得60分；=0%得80分；≤-10%得130分；介于0%到-10%之间，每节省一个点，在80分基础上加5分
减分项	9.相关部门投诉次数	说明：每被投诉一次扣减部门分5分，部门累计被投诉超过5次，取消一切奖励资格			

表6.19　行业部的KPI考核表

维度	KPI	权重	基数	增长目标值	评分标准
质量	1.行业入围中标率	30%	85	5%	≥5%得130分；>0%且<5%，每增长一个点，在80分基础上加10分；=0%得80分；<0%得60分
	2.行业销售任务完成率	30%	100%	20%	≥20%得130分；>0%且<20%，每增长一个点，在80分基础上加2.5分；=0%得80分；<0%得60分
	3.平均折扣率	10%	10	-5%	>0%得0分；<-5%得130；≤0%且≥-5%，每节省一个点，在20分基础上加20分
时间	4.行业招投标信息发布及时性	20%	85	5%	≥5%得130分；>0%且<5%，每增长一个点，在80分基础上加10分；=0%得80分；<0%得60分
成本	5.费用预算控制率	10%	100%	-10%	≥10%得0分；>0%且<10%得60分；=0%得80分；≤-10%得130分；介于0%到-10%之间，每节省一个点，在80分基础上加5分
减分项	6.相关部门投诉次数	说明：每被投诉一次扣减部门分5分，部门累计被投诉超过5次，取消一切奖励资格			

产品部的KPI考核表，见表6.20。

综合部的KPI考核表，见表6.21。

售后服务部的KPI考核表，见表6.22。

表6.20 产品部的KPI考核表

维度	KPI	权重	基数	增长目标值	评分标准
质量	1.现场支持完成率	10%	100%	0%	=0%得110分；<0%得0分
	2.产品技术评估完成率	10%	100%	0%	=0%得110分；<0%得0分
	3.客户满意度	30%	85	5%	≥5%得130分；>0%且<5%，每增长一个点，在80分基础上加10分；=0%得80分；<0%得60分
	4.新产品市场定位准确性	25%	85	5%	≥5%得130分；>0%且<5%，每增长一个点，在80分基础上加10分；=0%得80分；<0%得60分
时间	5.新产品信息对内发布及时性	15%	85	5%	≥5%得130分；>0%且<5%，每增长一个点，在80分基础上加10分；=0%得80分；<0%得60分
成本	6.费用预算控制率	10%	100%	-10%	≥10%得0分；>0%且<10%得60分；=0%得80分；≤-10%得130分；介于0%到-10%之间，每节省一个点，在80分基础上加5分
减分项	7.相关部门投诉次数	说明：每被投诉一次扣减部门分5分，部门累计被投诉超过5次，取消一切奖励资格			

表6.21 综合部的KPI考核表

维度	KPI	权重	基数	增长目标值	评分标准
质量	1.内部顾客满意度	40%	85	5%	≥5%得130分；>0%且<5%，每增长一个点，在80分基础上加10分；=0%得80分；<0%得60分
时间	2.行政支持及时性	30%	85	5%	≥5%得130分；>0%且<5%，每增长一个点，在80分基础上加10分；=0%得80分；<0%得60分

续表

维度	KPI	权重	基数	增长目标值	评分标准
时间	3.内部信息传递及时性	20%	85	5%	≥5%得130分；＞0%且＜5%，每增长一个点，在80分基础上加10分；=0%得80分；＜0%得60分
成本	4.费用预算控制率	10%	100%	−10%	≥10%得0分；＞0%且＜10%得60分；=0%得80分；≤−10%得130分；介于0%到−10%之间，每节省一个点，在80分基础上加5分
减分项	5.相关部门投诉次数	说明：每被投诉一次扣减部门分5分，部门累计被投诉超过5次，取消一切奖励资格			

表6.22 售后服务部的KPI考核表

维度	KPI	权重	基数	增长目标值	评分标准
数量	1.现场服务支持及时完成率	20%	90%	5%	≥5%得130分；＞0%且＜5%，每增长一个点，在80分基础上加10分；=0%得80分；＜0%得60分
	2.服务创收收入	10%	160万	20%	≥20%得130分；＞0%且＜20%，每增长一个点，在80分基础上加2.5分；=0%得80分；＜0%得60分
	3.客户服务档案资料完整性	10%	100%	0%	=0%得110分；＜0%得0分
质量	4.客户现场服务满意度	20%	85%	5%	≥5%得130分；＞0%且＜5%，每增长一个点，在80分基础上加10分；=0%得80分；＜0%得60分
	5.工厂维修修复率	10%	70%	5%	≥5%得130分；＞0%且＜5%，每增长一个点在80分基础上加10分；=0%得80分；＜0%得60分
成本	6.备品备件周转率	10%	70%	10%	≥10%得130分；＞0%且＜10%，每增长一个点，在80分基础上加5分；=0%得80分；＜0%得60分
	7.费用预算控制率	10%	100%	−10%	≥10%得0分；＞0%且＜10%得60分；=0%得80分；≤−10%得130分；介于0%到−10%之间，每节省一个点在，80分基础上加5分
减分项	8.相关部门投诉次数	说明：每被投诉一次扣减部门分5分，部门累计被投诉超过5次，取消一切奖励			

解读笔记

本方案对每个指标的描述都很清晰，都有指标定义、数据来源、计分规则、目标值。

考核分采用了最高130分制。

选取的绩效指标，能反映营销部门的特点。其中平均折扣率通过特价与销售额占比体现。

在区域年终奖计算中，可以看到一些复杂的计算公式和一些比较少见但值得借鉴的指标计算，指标之间关系多用乘积，而非综合相加的关系。如行业中标率、销售质量系数、区域均衡系数、乘积的符号π。本章的测算表因此也很有意义。

KPI指标的组成描述清晰。考核指标从数量、质量、时间、成本等QQTC角度去设置选取，实际上与部门职责提取有关，并有减分项。

目标值设置采用了增长率（对应基数）。

第7章

集团公司、各级分公司绩效考核体系

（运营商Y绩效管理案例解读）

本章介绍运营商Y集团的绩效考核体系，包括上市公司（集团）对省公司的考核、省公司对地市分公司的考核、省公司对员工的考核、地市分公司对区县分公司的考核。

先看上市公司（集团）对省公司如何考核。

7.1 经营责任制考核办法A解读
（Y的上市公司省级子公司）

这份考核方案叫上市公司内地运营子公司经营责任制考核办法。方案由三部分组成：考核指标体系、考核办法及计分标准、奖惩办法。

§7.1.1 考核指标体系

考核指标体系设计的出发点有三个：各子公司的经营业绩指标值规模对

公司整体的贡献大小，投资者期望的计划值完成率，经营管理水平、效率的提高。

考核指标包括六方面：效益指标（40%）、运营指标（30%）、劳动生产率指标（10%）、净坏账率（5%）、报表报送情况指标（10%）、资金缴款完成情况（5%）。

效益指标方面包括4个KPI：运营收入、EBITDA（税息折旧及推销前利润）、净利润、总资产利润率。

运营指标方面包括6个KPI：用户净增数、客户满意度、离网率、平均每用户月通话分钟数、平均每用户月运营收入、网络接通率。

劳动生产率指标方面包括2个KPI：每员工服务用户数、每员工服务通话分钟数。

报表报送包括3个KPI：财务报表、业务报表、人力资源报表。

合计15个指标。由于每个指标又采用了多种计分方式，实际上多达34个具体考核指标。

§7.1.2 考核办法、计分标准及解释

考核办法及计分标准，见表7.1。

表7.1 考核办法及计分标准

KPI	分值	指标定义	计分公式
运营收入	4		X=子公司该指标完成数/(本年各子公司中该指标最高完成数×A)×分值。A为调节系数，范围为0.9～1.0，由上市公司按照每年各子公司实际完成情况确定
运营收入计划完成率	3		计划完成率：98%以上，得3分；95%～98%，得2分；90%～95%，得1分；90%以下，不得分
运营收入增长率	3		X=（本年子公司数目+1-子公司该指标排名值）/本年子公司数目×分值

续表

KPI	分值	指标定义	计分公式
EBITDA完成数增长率	4	EBITDA收入率=本年EBITDA完成数/本年运营收入×100%，其中，EBITDA=运营收入-运营支出+折旧+其他业务利润+资产减值准备	X=（本年子公司数+1-子公司该指标排名值）/本年子公司数×分值
当年EBITDA收入率	4		X=子公司该指标完成数/（本年各子公司中最高完成数×A）×分值
EBITDA收入率的完成率	4		计划完成率：98%以上，得4分；95%～98%，得3分；90%～95%，得2分；90%以下，不得分
净利润	4	税后利润	X=子公司该指标完成数/（本年各子公司中该指标最高完成数×A）×分值
净利润计划完成率	4		计划完成率：98%以上，得4分；95%～98%，得3分；90%～95%，得2分；90%以下，不得分
净利润增长率	4	税前利润	X=（本年子公司数+1-子公司该指标排名值）/本年子公司数×分值
总资产利润率	3	总资产利润率=本年净利润完成数/[（年初总资产额+年末总资产额）/2]×100%，税后利润	X=子公司该指标完成数/（本年各子公司中最高完成数×A）×分值
总资产利润率增长率	3	税前利润	X=（本年子公司数+1-子公司该指标排名值）/本年子公司数×分值
用户净增数	3	用户净增数=年末用户总数-年初用户总数，用户增长率=（年末用户数/年初用户数-1）×100%	X=子公司该指标完成数/（本年各子公司中最高完成数×A）×分值
用户净增数计划完成率	4		计划完成率：98%以上，得4分；95%～98%，得3分；90%～95%，得2分；90%以下，不得分
用户净增数增长率	3		X=（本年子公司数+1-子公司该指标排名值）/本年子公司数×分值
客户满意度	2.5	由上市公司选定某独立的市场调查公司进行各地的用户意见调查，综合评比，得出各子公司的客户满意度	

续表

KPI	分值	指标定义	计分公式
离网率	2.5	本年累计离网率=本年累计离网用户数/本年累计平均用户数×100%，其中，本年累计离网用户数指本年内欠费6个月被Y公司消号和用户主动消号的用户数之和；本年累计平均用户数=（上年末用户数+本年各月末用户数之和）/13	X=子公司该指标完成数/（本年各子公司中最高完成数×A）×分值
平均每用户月通话分钟数	2.5		X=子公司该指标完成数/（本年各子公司中最高完成数×A）×分值
平均每用户月通话分钟数增长率	2.5		X=（本年子公司数+1-子公司该指标排名值）/本年子公司数×分值
平均每用户月运营收入	2.5		X=子公司该指标完成数/（本年各子公司中最高完成数×A）×分值
平均每用户月运营收入增长率	2.5		X=（本年子公司数+1-子公司该指标排名值）/本年子公司数×分值
网络接通率	3	GSM网长途来话接通率=∑应答次数/∑占用次数×100%	X=（本年子公司数+1-子公司该指标排名值）/本年子公司数×分值
网络接通率改善程度	2		58%及以上，得1分；≥上年实际值且≥61.5%，得2分；否则不得分
每员工服务用户数	2	本年累计平均用户数/本年累计平均职工数	X=子公司该指标完成数/（本年各子公司中最高完成数×A）×分值
每员工服务用户数计划完成率	2		计划完成率：98%以上，得2分；90%~98%，得1分；90%以下，不得分
每员工服务用户数增长率	1		X=（本年子公司数+1-子公司该指标排名值）/本年子公司数×分值
每员工服务通话分钟数	2	本年总通话分钟数/本年累计平均职工人数	X=子公司该指标完成数/（本年各子公司中最高完成数×A）×分值
每员工服务通话分钟数计划完成率	2		计划完成率：98%以上，得2分；90%~98%，得1分；90%以下，不得分
每员工服务通话分钟数增长率	1		X=（本年子公司数+1-子公司该指标排名值）/本年子公司数×分值

续表

KPI	分值	指标定义	计分公式
净坏账率	3	（年末3个月以上用户欠费余额−年初3个月用户欠费余额+年内核销的坏账）/本年运营收入×100%，本年运营收入不含入网费收入	X=（本年子公司数+1−子公司该指标排名值）/本年子公司数×分值
净坏账率计划完成率	2		计划完成率：98%以上，得2分；90%～98%，得1分；90%以下，不得分
财务报表报送	4		每迟报1天扣0.1分，报表内容每出现1个差错扣0.1分，扣完为止
业务报表报送	4		每迟报1天扣0.1分，报表内容每出现1个差错扣0.1分，扣完为止
人力资源报表报送	2		每迟报1天扣0.1分，报表内容每出现1个差错扣0.1分，扣完为止
资金缴款延误差错次数、资金缴款完成率	5		每迟缴1天扣0.2分，扣完5分为止。100%及以上，不扣分；90%～100%，扣1分，80%～90%，扣2分，以此类推，扣完5分为止
	100		

下面重点选取几个有特色的KPI加以解释。

1. 特色KPI的解释

（1）EBITDA的解释

在移动、电信、联通、网通的考核办法中，EBITDA是个常见的指标，在其他的国企、民企比较少见，这可能是海外上市公司的做法引入。

所谓EBITDA，E是利润、B是前、ITDA分别是税、息、摊销、折旧。也就是税息摊销折旧前的利润。有点国内企业习惯说的"毛利"的意思，但又有区别，主要体现了对现金流的重视。

在本办法中，EBITDA采用了三种具体考核指标：EBITDA完成数增长率、当年EBITDA收入率、EBITDA收入率的完成率。以EBITDA收入率为例，EBITDA收入率=本年EBITDA完成数/本年运营收入×100%，其中，

EBITDA=运营收入－运营支出+折旧+其他业务利润+资产减值准备。

（2）离网率的解释

本年累计离网率=本年累计离网用户数/本年累计平均用户数×100%，其中，本年累计离网用户数指本年内欠费6个月被Y公司消号和用户主动销号的用户数之和。

本年累计平均用户数=（上年末用户数+本年各月末用户数之和）/13。

（3）网络接通率的解释

GSM网长途来话接通率=∑应答次数/∑占用次数×100%。

2. 计分方法的归类

Y公司的考核计分方法很量化，这部分剔除行业色彩后，仍然有较大的通用性。

（1）完成率的分段计分

以运营收入计划完成率为例：计划完成率：98%以上，得3分；95%～98%，得2分；90%～95%，得1分；90%以下，不得分。

计划完成率的分段计分的测算，见表7.2。

表7.2 计划完成率的分段计分的测算

情况	目标计划完成率	计划运营收入	实际运营收入	实际计划完成率	权重	得分
	a	b	c	d=c/b	e	f
	%	万元	万元	%	分	分
1	98%	1000	981	98.1%	3	3
2	98%	1000	952	95.2%	3	2
3	98%	1000	949	94.9%	3	1
4	98%	1000	901	90.1%	3	1
5	98%	1000	899	89.9%	3	0

Excel测算技巧如下。

假定在Excel表中，得分在G列，情况1在5行，则情况1的得分的Excel公式设置为：G5=IF(E5≥98%,3,IF(E5≥95%,2,IF(E5≥90%,1,0)))。

（2）比高法的计分

以运营收入为例。X=子公司该指标完成数/（本年各子公司中该指标最高完成数×A）×分值。A为调节系数，范围为0.9～1.0，由上市公司按照每年各子公司实际完成情况确定。

比高法的计分测算，见表7.3。

表7.3　比高法的计分测算

子公司	实际值 万元	最高值 万元	调节系数A	权重 分	得分 分
子公司1	1000	1200	1	4	3.33
子公司2	1100	1200	1	4	3.67
子公司3	1200	1200	1	4	4.00
子公司4	900	1200	1	4	3.00
子公司5	850	1200	1	4	2.83

Excel测算技巧如下。

假定在Excel表中，最高值在C列，公司1在4行，则子公司1的最高值的Excel公式设置为：C4=MAX(B4:B8)。

子公司2的最高值C5=C4，下拉公式，得到其余子公司的最高值公式设置。

子公司1的得分的Excel公式设置为：F4=B4/(C4*D4)*E4

（3）排名法的计分

以净利润增长率为例。X=（本年子公司数+1-子公司该指标排名值）/本年子公司数×分值。

排名法的计分的测算，见表7.4。

Excel测算技巧如下。

假定在Excel表中，得分在H列，子公司1在4行，则子公司1的得分的Excel公式设置为：H4=(F4+1-E4)/F4*G4。

（4）扣分法

以业务报表为例。每迟报1天扣0.1分，报表内容每出现1个差错扣0.1分，

表7.4　排名法的计分测算

子公司	上年税前净利润 万元	当年税前净利润 万元	净利润增长率 %	排名 名	本年子公司数 个	分值 分	得分 分
子公司1	500	520	4.0%	3	5	4	2.4
子公司2	450	440	-2.2%	5	5	4	0.8
子公司3	550	590	7.3%	1	5	4	4
子公司4	500	530	6.0%	2	5	4	3.2
子公司5	480	480	0.0%	4	5	4	1.6

扣完为止。

业务报表的扣分的测算，见表7.5。

表7.5　扣分测算

子公司	延误天数 天	差错次数 次	延误扣分 分	差错扣分 分	权重 分	得分 分
子公司1	1	1	0.1	0.1	4	3.8
子公司2	2	2	0.2	0.2	4	3.6
子公司3	3	3	0.3	0.3	4	3.4

考核办法除计分标准外，还有否决及扣分指标，包括通信案件、职工因工责任死亡及火灾事故。

（1）通信案件

通信案件指由于管理不严、业务监督检查或安全防范措施不落实，发生贪污挪用、携款潜逃、盗窃、抢劫等的案件。致使公司财产实际损失（扣除破案后追回的款额）金额：

a.全年累计在10万元及以上扣1分，损失在100万元及以上扣2分，损失在200万元及以上扣3分，以此类推；

b.单次通信案件损失在500万元及以上，或全年累计损失超过1000万元，扣10分，同时取消领导班子评奖资格。

（2）因工责任死亡

因工责任死亡事故主要指因我方责任造成的Y公司公司职工死亡（含火

灾、交通事故）。视情节严重程度扣分，直至取消当年子公司领导班子评奖资格，乃至取消子公司当年评奖资格。

（3）火灾事故

火灾事故指发生在通信大楼和其他通信生产场地的火灾事故。全年因发生火灾事故导致的直接经济损失金额：

a. 全年累计在100万元及以上扣1分，损失金额每增加100万元，增扣1分；

b. 单次火灾损失在500万元及以上，或全年累计损失超过1000万元，扣10分，同时取消子公司领导班子评奖资格；

c. 单次火灾损失在800万元及以上，或全年累计损失在1500万元及以上，取消评比资格。

§7.1.3 奖惩办法

按照否决及扣分指标的规定，或重大谎报资料等违规操作的子公司，取消其当年评比资格。

对于参与排名的子公司，上市公司将按考核分值的情况，同时考虑考核期内上市公司股价的变化幅度，给予奖励如下。

1. 子公司领导班子成员的奖励计算

子公司领导班子成员的奖励=平均奖励×调节系数L。

子公司总经理的奖励=平均水平×1.5×调节系数。

领导班子的平均奖励与考核分对应，见表7.6。

表7.6 领导班子考核分与平均奖励

子公司考核分X	子公司考核等级	子公司领导班子成员平均奖励Y（万元）
X≥85	优秀	10
80≤X<85	优良	8
70≤X<80	良好	6
65≤X<70	中等	4

续表

子公司考核分X	子公司考核等级	子公司领导班子成员平均奖励Y（万元）
60≤X＜65	一般	2
X＜60	欠佳	0

对领导班子其他成员的奖励分配办法由子公司董事会自行制定。

2.子公司员工的奖励计算

职工奖励及福利基金＝子公司年终税后利润×提取比例P×调节系数L。

提取比例与考核分的关系，见表7.7。

表7.7　子公司员工的考核分与利润提取比例

子公司考核分X	子公司考核等级	提取比例P
X≥85	优秀	5%
80≤X＜85	优良	4%
70≤X＜80	良好	3%
65≤X＜70	中等	2%
60≤X＜65	一般	1%
X＜60	欠佳	

调节系数L的计算如下。

按考核期内，XX股市每个交易日本上市公司股票收盘价的算术平均值相对上年的增长幅度，剔除同期XX指数变化因素。

计算公式：$L=Q/(Q-1)-R/(R-1)+1$。其中，Q＝年度内本上市公司每个交易日在XX市场股票收盘价算术平均数。R＝年度内每个交易日XX指数收盘点数的算术平均数。有关事项说明：用户规模数≥200万户，领导班子成员≤5人；用户规模数＜200万户，领导班子成员≤4人。解释权归上市公司。

调节系数L的测算，见表7.8。

领导班子的奖励测算，见表7.9。

员工的奖励包测算，见表7.10。

表7.8 调节系数L的测算

本公司日均股价Q	股市日均股价R	Q/(Q-1)	R/(R-1)	L=Q/(Q-1)+R/(R-1)+1
元	元			
7.21	7.15	1.161	1.163	3.324
7.21	7.21	1.161	1.161	3.322
7.21	7.3	1.161	1.159	3.320

表7.9 领导班子奖励测算

情况	考核分X	领导班子平均奖励Y	倍数N	调节系数L	总经理奖励 $W_1=Y \times N \times L$	副职奖励 $W_2=Y \times L$
	分	万元			万元	万元
1	86	10	1.5	0.9984	14.98	9.98
2	85	10	1.5	0.9984	14.98	9.98
3	81	8	1.5	0.9984	11.98	7.99
4	80	8	1.5	0.9984	11.98	7.99
5	71	6	1.5	0.9984	8.99	5.99
6	70	6	1.5	0.9984	8.99	5.99
7	66	4	1.5	0.9984	5.99	3.99
8	65	4	1.5	0.9984	5.99	3.99
9	61	2	1.5	0.9984	3.00	2.00
10	60	2	1.5	0.9984	3.00	2.00
11	59	0	1.5	0.9984	0.00	0.00

表7.10 子公司员工的奖励包测算

情况	考核分X	提取比例P	税后利润Z	调节系数L	子公司员工奖金包 $U=Z \times P \times L$
	分	万元	万元		万元
1	86	5%	5000	0.9984	249.6
2	85	5%	5000	0.9984	249.6
3	81	4%	5000	0.9984	199.7
4	80	4%	5000	0.9984	199.7
5	71	3%	5000	0.9984	149.8
6	70	3%	5000	0.9984	149.8

续表

情况	考核分X 分	提取比例P 万元	税后利润Z 万元	调节系数L	子公司员工奖金包U=Z×P×L 万元
7	66	2%	5000	0.9984	99.8
8	65	2%	5000	0.9984	99.8
9	61	1%	5000	0.9984	49.9
10	60	1%	5000	0.9984	49.9
11	59	0%	5000	0.9984	0.0

7.2　经营业绩考核办法B解读
（Y的上市公司省级子公司）

本案是修订办法。

为加强对上市公司内地运营子公司的运营管理和业绩的测评和考核，引导内地运营子公司适应业务形势的变化，适应国际投资者对公司的期望等相关要求，同时通过外部独立机构进行测评，引入国际同业公司考核指标基准等方式逐渐强化外部考核机制，根据上市公司和内地运营子公司的工作实际，主要从考核指标设置、考核方法及分值分配等方面对原考核办法进行了修订。

文件组成：考核指标体系、考核办法及计分标准、奖惩办法

1.考核指标体系

（1）考核指标

效益指标权重为40%，运营指标权重为36%，劳动生产率指标权重为10%，净坏账率权重为4%，报表报送权重为6%，奖金缴款权重为4%。

（2）加分指标

新业务、增值业务收入所占比重为加分指标。

新业务、增值业务：指本公司向用户提供的满足用户正常话音需求以外的业务。这些业务的通话费、月费、服务费和信息费，扣除服务合作方的结算费

用，扣除营业税。

新业务、增值业务收入所占比重=新业务、增值业务收入/运营收入（扣除入网费收入）×100%。

（3）否决及扣分指标

否决及扣分指标包括通信案件、职工因工责任死亡、火灾事故、违反关联交易管理规定，对外披露错误或重大谎报数据。

2. 点评：特色KPI的解释

（1）Eva（3分）

计算依据是3年平均值。计算公式：X=子公司该指标完成数/（国际同类电信运营公司该指标平均先进水平或本年各子公司中该指标最高完成数×A）×分值，X小于0时，得0分。

（2）Eva增长率（3分）

计算依据是税前利润。计算公式：X=子公司该指标平均增长率/（本年各子公司该指标最高平均增长率×A）×分值。X小于0时，得0分。

7.3 经营业绩考核办法修订C解读
（Y的上市公司省级子公司）

本案是修订办法。

修订点：引入了对上市公司整体的业绩考核，与各子公司考核结果挂钩，确定子公司最终考核结果。

用来衡量上市公司整体业绩的指标，主要选用其在中国内地Y公司通信运营市场的市场地位、整体形象、客户认同度，具体参照行业或竞争对手的完成情况。对子公司的考核，根据投资者对公司的要求和期望，结合各地的差异，对多项指标均针对特定公司设定特定的目标值或依据不同的管理重点选取不同的考核指标。

上市公司整体的考核：对上市公司整体的考核有4个指标：运营收入（30分）；EBITDA（25分）；ARPU值（20分）；客户满意度（25分）。

子公司的考核体系如下。

1. KPI指标体系

（1）财务指标（48分）：运营收入、EBITDA、净利润、Eva率、收入GDP比、坏账率。

（2）运营指标（47分）：客户满意度、服务。

（3）网络质量改善情况（5分）：ARPU、净增用户数。

（4）总资产收入率（5分）。

2. 加分指标

对新业务、增值业务的营业收入所占总业务收入的比重作为加分指标。

3. 扣分指标

把报表报送、资金缴款情况的完成与否作为扣分指标。

4. 考核方法

目标业绩考核法、改善程度考核法、比高法。

5. 奖励

（1）各子公司总经理的全部奖金、领导班子其他成员的50%奖金、其他人员的全部奖金，根据基薪、奖金系数、考核分决定。

（2）领导班子成员另外50%奖金、其他人员全部奖金的具体分配办法，由子公司自行制定。

（3）考核分低于60分，当年不计提和发放奖金。

（4）考核分大于60分，奖金计算公式如下：

总经理奖金=基薪×奖金系数×考核分/100；

领导班子其他成员50%奖金=基薪×0.5×奖金系数×考核分/100；

领导班子其他成员另外50%奖金，其他人员奖金的总额=（基薪1×0.5+基薪2）×奖金系数×考核分/100。

7.4 总经理绩效考核办法解读
（Y的地市级分公司）

考核办法内容：考核指标、分值及计分标准、否决及扣分指标、奖惩办法、相关事项说明、解释权。

§ 考核指标、分值及计分标准

1. 考核办法

考核指标共16项：效益指标（3项），运营指标（4项），质量指标（4项），劳动生产率指标（2项），财务指标（3项），报表报送情况指标（3项）。

地市分公司的KPI考核表，见表7.11。

地市分公司不同考核计分方法与计算公式，见表7.12。

表7.11 地市分公司的考核表

维度	权重	指标	权重	指标2	权重	计分标准
效益指标	25	通信业务收入	10	绝对值	3	比高法
				计划完成	4	比例法
				增长率	3	比平均值法
		收支差额	10	绝对值	3	比高法
				计划完成	4	比例法
				增长率	3	比平均值法
		资产利用率	5	相对值	3	比高法
				增长率	2	比平均值法
				计划完成	4	比例法
				增长幅度	3	比平均值法
		市场占用率	5		5	比平均值法
		平均每户月通话分钟数（MOU）	5	绝对值	3	比平均值法
				增长率	2	比平均值法

续表

维度	权重	指标	权重	指标2	权重	计分标准
效益指标	25	平均每户月业务收入（ARPU）	5	绝对值	3	比平均值法
				增长率	2	比平均值法
质量指标	20	离网率	5		5	比低法
		GSM省际长途来话接通率	6	相对值	2	比平均值法
				计划完成	4	比例法
		GSM语音信道平均掉话率	6	相对值	2	比低法
				计划完成	4	比例法
		TACS全网平均接通率	3		3	比平均值法
劳动生产率指标	10	每员工服务用户数	5	绝对值	4	比平均值法
				增长率	1	比平均值法
		每员工服务通话分钟数	5	绝对值	4	比平均值法
				增长率	1	比平均值法
财务指标	15	净坏账率	4		4	比低法
		用户欠费率	4		4	比低法
		资金缴款完成情况	7		7	（本年累计上缴款/本年应上缴款）×7
报表报送情况指标	5	财务报表报送情况	2		2	每迟报1天扣0.1分；每出现1个报表差错扣0.1分；扣完为止
		业务报表报送情况	2		2	同上
		人力资源报表报送情况	1		1	同上

表7.12 地市分公司不同考核计分方法与计算公式

类型	计算方法	计算公式
比高法	最高值的分公司得满分，其余按比例得分	X=（分公司该指标值/各分公司该指标最高值）×该指标分值
比例法	完成计划的分公司得满分，其余按完成计划百分比得分	X=计划完成百分比×该指标分值

续表

类型	计算方法	计算公式
比平均值法	高于全省平均水平的分公司得满分，其余按比例得分	X=（分公司该指标值/该指标全省平均值）×该指标分值
比低法	低于全省平均水平的分公司得满分，其余按比例得分	X=绝对值|(1－分公司该指标值)/(1－该指标全省平均值)|×该指标分值

否决及扣分指标略。

2.奖惩办法

分公司总经理（含副总主持工作）的奖励计算，见表7.13。

表7.13　分公司总经理的奖励计算

分公司分类	1等奖		2等奖		3等奖		扣罚	
	考核分	奖金	考核分	奖金	考核分	奖金	考核分	处罚
用户数≥50万	90	10万	85	8万	80	6万	<70	2万
20万≤用户数<50万	85	8万	80	6万	75	4万	<65	1.5万
用户数<20万	80	4万	75	3万	70	2万	<60	1万

分公司的工资总额奖罚额的计算，见表7.14。

表7.14　地市分公司工资总额奖罚额的计算

奖罚基数	奖罚比例P	奖罚额
分公司工资总额	1%	奖罚额=分公司工资总额×P
	0.50%	
	0%	
	减0.5%～1%	

对县分公司、地市分公司部门的奖励，由各地市分公司自行确定，奖励金额在各分公司的工资基金中列支。

按否决与扣分指标规定，取消奖励资格的分公司，参加评比，但不奖励；取消评比资格的分公司，不评比、不奖励，按低于60分标准进行扣罚。

相关事项说明：指标定义需补充。

解释权归省公司所有。

7.5 员工绩效考核办法解读
（Y的省公司）

为有效地贯彻实施公司人力资源管理"尊重、发展、激励、约束"的四大机制，全面、客观评价员工的工作表现和绩效成果，为员工薪酬、岗位调整和职称、职务聘任提供客观依据，真正做到职务能上能下、收入能高能低、人员能进能出，促进员工绩效的持续改进，特制定本办法。

1. 基本原则

公开、公平、公正原则。考核将在公司 Oa 系统上通过电子化手段进行；员工的工作表现与成果是考核的依据；实事求是地进行考核，避免因个人好恶影响考核的客观性。

定性与定量结合的原则。以个人在部门计划目标和发展课题中所承担的责任和业绩为根据，考核者对被考核者的工作表现和绩效成果进行分析，得出考核结论。

差别原则。绩效考核原则客观反映员工工作绩效的实际差别，总体上员工的考核结果服从正态分布。

2. 考核对象

公司中高级管理人员、省公司本部其他员工、各分公司管理人员绩效考核可参照执行。

3. 考核方法

员工绩效考核按时间划分，可分为月度考核、半年度考核和年度考核；按考核层面划分，可分为上级考核、平级考核和下级考核三种。

月度考核侧重工作计划、工作量、工作质量等指标的评价。同时为使考核工作简单易行，增强可操作性，月度考核为上级考核。

半年度考核和年度考核侧重对个人工作绩效和工作能力等内容的全面综合

评价，实行上级考核、平级考核和下级考核三个层面，工作业绩、工作能力、工作态度三项内容的多方位考核。

考核结果分为六个等级，见表7.15。

表7.15 员工考核等级

等级	参考分值	比例控制
优秀	$X \geqslant 95$	5%内
优良	$90 \leqslant X < 95$	20%内
良好	$80 \leqslant X < 90$	30%左右
中等	$70 \leqslant X < 80$	30%以上
一般	$60 \leqslant X < 70$	10%内
欠佳	$X < 60$	5%内

比例控制指考核者对被考核者的成绩在各等级上要尽量服从正态分布，人力资源部与审计监察部对考核结果实行最终控制。

按差别原则的要求，各考核人应根据参考分值，尽量按上表做到考核分值与等级相对应。审计监察部会同人力资源部对考核结果按照正态分布进行比例控制，并结合部门绩效情况进行差异调整，报送公司管理层核定后，最终确定员工考核等级。

员工绩效考核管理部门应结合公司发展的需要，不断完善员工绩效考核办法。

4. 考核实施

月度考核实施流程如下。

被考核人员应于次月5日前，在Oa系统上创建月度绩效考核评分表，填列考核当月工作情况，提交审计监察部。审计监察部于次月6日前统一将绩效考核评分表提交相关考核人考核。相关考核人应于次月8日前对所辖被考核人员考核完毕，提交审计监察部统计、核查。审计监察部对考核结果进行统计核查，会同人力资源部按前述考核方法对考核结果进行比例控制和差异调整，报公司管理层核定后，确定员工的绩效等级。审计监察部于次月15日前将绩效考核结果提交人力资源部并反馈给被考核者所属部门、分公司。人力资源部依据考核结果进行绩效挂钩。被考核者所属部门、分公司领导及时将考核结果反馈给被考核者。

半年度考核、年度考核的考核实施流程与月度考核类似，只是时间点有所差别。

5.绩效等级确定

月度、半年度、年度的考核等级确定依据如下。

员工半年度绩效总评分值=1~6月份考核平均得分×0.4+半年度考核得分×0.6。

一般员工年度绩效总评分值=1～12月份考核平均得分×0.2+半年度考核得分×0.3+年度考核得分×0.5

累计3个月考核等级为欠佳，半年度考核等级为欠佳；累计5个月考核等级为欠佳，年终考核等级为欠佳。

6.绩效挂钩

员工考核结果与本人岗位绩效薪酬挂钩。员工考核结果作为职务聘任、专业技术职务评聘、转岗和奖惩的重要依据。

7.组织部门

人力资源部负责员工绩效考核的管理，考核结果的绩效挂钩。审计监察部负责员工绩效考核的组织实施。业务支持中心负责考核的电子化技术支持及日常维护。

7.6 年度运营业绩考核办法解读
（Y的市分公司）

考核办法内容：考核方法、业绩具体考核方式、奖惩办法、附则。

1.三部分组成

由指标考核、工作目标考核、加分扣分指标三部分组成。其中指标考核包括效益指标、运营指标、客户与市场指标、发展指标。

2. 考核分计算

月度考核分＝指标考核基本目标考核分/指标考核基本目标分值×指标考核分值×权重＋工作目标考核分×权重－扣分指标。

季度考核分＝指标考核分×权重＋工作目标考核分×权重＋加分扣分指标。

3. 考核方法

两种方法：目标业绩考核法、临界法。

（1）目标业绩考核法

设置基本目标，挑战目标。

年度单项指标考核分＝（单项指标实际值－单项指标目标值）/（单项指标挑战目标值－单项指标基本目标值）×分值。

（2）临界法

完成基本目标得满分；未完成得0分。

4. 奖惩办法

（1）工资总额W

工资总额＝基薪A＋基本目标绩效奖金B＋挑战目标绩效奖金C。

（2）薪资比例

基薪＝上年核定工资总额×0.4。

基本目标绩效奖金＝上年核定工资总额×0.4。

挑战目标绩效奖金＝上年核定工资总额×0.2。

（3）考核分与奖励

考核分X＞60分，W=A+B+C×(X－60)/40。

考核分X=60分，W=A+B。

考核分X＜60分，W=0。

（4）人工成本预提

年初按（基薪＋基本目标绩效奖金）按月计提；年末考核，多退少补。

第8章 省分公司的工资总额核定办法

（运营商L的绩效考核案例解读）

绩效与薪资挂钩，其中之一是工资总额与业绩挂钩。

现在，假定你跳槽进入了运营商L某省公司人力资源部。年底做下年度的经营计划与预算编制，其中与人力资源有关的是薪资预算。需要明确省公司的薪酬总额，包括对11家地市分公司、省公司本部进行薪资预算。

那么，薪资总额核定的思路和操作怎样确定呢？

8.1 薪酬总额计提

地市分公司薪酬总额计提的思路：以通信业务收入为依据，对不同地区确定计提比例，得到薪酬总额基数，60%直接计提，40%需按百分制考核。

地市分公司薪酬总额计提公式如下。市分公司薪酬总额＝市分公司通信业务收入×计提比例×0.6+市分公司通信业务收入×计提比例×0.4×考核分/100。

薪资总额含正式员工、劳务用工、退养人员、返聘人员的薪资。

测算如下。考核后的分公司选取3家做测算，见表8.1。

表8.1 考核后的分公司薪酬总额测算

分公司	通信业务收入X	计提比例P	薪酬总额基数W	A=W×0.6	B=W×0.4	考核分Y	B1=B×Y/100	考核后的薪资总额W_2	W_2-W_1
	万元	%	万元	万元	万元	分	万元	万元	万元
分公司1	66000	3.40%	2244	1346.4	897.6	99	888.6	2235.0	−9.0
分公司6	24500	3.90%	955.5	573.3	382.2	95	363.1	936.4	−19.1
分公司11	10300	4.40%	453.2	271.92	181.3	89	161.3	433.3	−19.9

计提比例根据总部下达给本省的比例调整，各市分公司的规模变化做相应调整。地市分公司薪酬总额的计提比例分三类地区，分别为：3.4%、3.9%、4.4%，见表8.2。

表8.2 计提比例

地区	划分依据	计提比例
一类	年通信业务收入计划≥4亿	3.4%
二类	年通信业务收入计划>1.2亿	3.9%
三类	年通信业务收入计划≤1.2亿	4.4%

薪资的发放根据本单位通信业务收入完成进度，按计算结果的80%发放，其余20%等年度效绩考核结果核定后年终发放。当年工资总额使用超出应提工资总额的，在次年扣减。建立省公司总经理奖励基金，用于奖励对效益做出突出贡献的市分公司、对公司业务发展做出突出贡献的个人。

考核计分办法由市分公司另行发文，由相关部门根据财务指标确定数据。

这句话正是工资总额与业绩挂钩预留的接口，但如何考核无从得知，可参考本书其他章运营商对分公司考核的思路。"效绩评价"不是写错了，而是部分国企的习惯叫法。

8.2 薪酬总额测算
（三类）

§8.2.1 各地市分公司的薪酬总额测算

在Excel中建表，对11个分公司划分地区类别，录入计提比例、当年业务收入、平均人数、剔除劳务工后的平均人数，根据计算公式：薪酬总额=当年业务收入计划数×计提比例，人均年收入=薪酬总额/平均人数，剔除劳务工后的人均年收入=薪酬总额/剔除劳务工后的平均人数，得到薪酬总额、人均年收入、剔除劳务工后的人均年收入。见表8.3。

表8.3 各市分公司薪酬总额分配表

单位	地区	当年业务收入计划数	当年薪酬总额计划（万元）			平均人数	剔除劳务工后的平均人数	人均年收入	剔除劳务工后的人均年收入
			计提比例	薪酬总额	占全省薪酬总额比例				
		万元	%	万元	%	人	人	万元	万元
分公司1	一类	66000	3.4%	2244.0		430	378	5.22	5.94
分公司2	一类	68000	3.4%	2312.0		437	367	5.29	6.30
分公司3	一类	66740	3.4%	2269.2		562	436	4.04	5.20
分公司4	一类	40500	3.4%	1377.0		316	239	4.36	5.76
分公司5	特殊	20600	3.0%	618.0		181	118	3.41	5.24
分公司6	二类	24500	3.9%	955.5		250	210	3.82	4.55
分公司7	二类	28000	3.9%	1092.0		276	236	3.96	4.63
分公司8	二类	27000	3.9%	1053.0		271	211	3.89	4.99
分公司9	三类	9650	4.4%	424.6		136	117	3.12	3.63
分公司10	三类	11750	4.4%	517.0		159	147	3.25	3.52
分公司11	三类	10300	4.4%	453.2		147	128	3.08	3.54
小计1		373040	3.8%	13315.5		3165	2587	3.95	4.84

分析如下。

11个地市分公司合计的当年业务收入计划数=373040万元，也就是全省的当年业务收入计划数。

11个地市分公司合计的薪酬总额=13315.5万元，但这不是全省的薪酬总额，还要加上省公司本部、专项奖励基金、预留。因此，每个分公司占全省薪酬总额的比例，通过此表还无法测算。

人均年收入=3.95万，剔除劳务工后的人均年收入=4.84万元。人均年收入、剔除劳务工后的人均年收入，一类地区比二类地区高，二类地区比三类地区高。看上去合理。

§8.2.2 合并的薪酬总额测算

现在，把省公司本部、专项奖励基金、预留等综合考虑进去，连同地市分公司，就形成了合并的省公司薪酬总额测算表，见表8.4。

表8.4 合并的省公司薪酬总额测算

单位	地区	当年业务收入计划数	当年薪酬总额计划（万元）			平均人数	剔除劳务工后的平均人数	人均年收入	剔除劳务工后的人均年收入
			计提比例	薪酬总额	占全省薪酬总额比例				
		万元	%	万元	%	人	人	万元	万元
分公司1	一类	66000	3.4%	2244.0	15.2%	430	378	5.22	5.94
分公司2	一类	68000	3.4%	2312.0	15.7%	437	367	5.29	6.30
分公司3	一类	66740	3.4%	2269.2	15.4%	562	436	4.04	5.20
分公司4	一类	40500	3.4%	1377.0	9.3%	316	239	4.36	5.76
分公司5	特殊	20600	3.0%	618.0	4.2%	181	118	3.41	5.24
分公司6	二类	24500	3.9%	955.5	6.5%	250	210	3.82	4.55
分公司7	二类	28000	3.9%	1092.0	7.4%	276	236	3.96	4.63
分公司8	二类	27000	3.9%	1053.0	7.1%	271	211	3.89	4.99
分公司9	三类	9650	4.4%	424.6	2.9%	136	117	3.12	3.63
分公司10	三类	11750	4.4%	517.0	3.5%	159	147	3.25	3.52

续表

单位	地区	当年业务收入计划数	当年薪酬总额计划（万元）			平均人数	剔除劳务工后的平均人数	人均年收入	剔除劳务工后的人均年收入
			计提比例	薪酬总额	占全省薪酬总额比例				
		万元	%	万元	%	人	人	万元	万元
分公司11	三类	10300	4.4%	453.2	3.1%	147	128	3.08	3.54
小计1		373040	3.8%	13315.5	90.2%	3165	2587	3.95	4.84
各市分公司领导奖金				240	1.6%				
各种竞赛奖励				100	0.7%				
总经理奖励基金				800	5.4%				
预留				300	2.0%				
小计2		0		1440	9.8%	0	0	0	0
合计		373040	0.0	14755.5	100.0%	3165	2587	4.66	5.70

测算如下。

假定在Excel表中，薪酬总额在E列，分公司1在5行，则分公司1的占全省薪酬总额比例的Excel公式设置为：F5=E5/E$22，用$符号固定行。全省薪酬总额取14755.5元（E22）。

分析如下。

各市分公司领导奖金、各种竞赛奖励、总经理奖励基金、预留的小计2=1440万。合计=14755.5万。

各地市分公司小计1占全省薪酬总额比例=90.2%，其他项目的小计2占比=9.8%。

§8.2.3 集团下达的省公司薪酬总额测算

以上是省公司人力资源部站在省公司层面的考虑，预算合并的省公司薪酬总额14755.5万元。事实上，省公司还要以集团总部最终下达的核定数据为准。

集团总部下达的薪酬总额预估=16786.6万元。以此作为全省薪酬总额，则各地市分公司占全省薪酬总额的比例需重新测算。Excel公式设置为：F5=E5/E$23。集团下达预估的省公司薪酬总额测算，见表8.5。

表8.5 集团下达的省公司薪酬总额测算

单位	地区	当年业务收入计划数	当年薪酬总额计划（万元）			平均人数	剔除劳务工后的平均人数	人均年收入	剔除劳务工后的人均年收入
			计提比例	薪酬总额	占全省薪酬总额比例				
		万元	%	万元	%	人	人	万元	万元
分公司1	一类	66000	3.4%	2244.0	13.37%	430	378	5.22	5.94
分公司2	一类	68000	3.4%	2312.0	13.77%	437	367	5.29	6.30
分公司3	一类	66740	3.4%	2269.2	13.52%	562	436	4.04	5.20
分公司4	一类	40500	3.4%	1377.0	8.20%	316	239	4.36	5.76
分公司5	特殊	20600	3.0%	618.0	3.68%	181	118	3.41	5.24
分公司6	二类	24500	3.9%	955.5	5.69%	250	210	3.82	4.55
分公司7	二类	28000	3.9%	1092.0	6.51%	276	236	3.96	4.63
分公司8	二类	27000	3.9%	1053.0	6.27%	271	211	3.89	4.99
分公司9	三类	9650	4.4%	424.6	2.53%	136	117	3.12	3.63
分公司10	三类	11750	4.4%	517.0	3.08%	159	147	3.25	3.52
分公司11	三类	10300	4.4%	453.2	2.70%	147	128	3.08	3.54
小计1		373040	3.8%	13315.5	79.32%	3165	2587	3.95	4.84
各市分公司领导奖金				240	1.43%				
各种竞赛奖励				100	0.60%				
总经理奖励基金				800	4.77%				
预留				300	1.79%				
小计2		0		1440	8.58%	0	0	0	0
合计		373040	0.0	14755.5	87.90%	3165	2587	4.66	5.70
总部下达预计总额		373040	4.50%	16786.8	100.00%				

分析如下。

对比集团总部下达预计总额和省公司现有预算数据，还有2031.3万的预留空间。在这个表中，各地市分公司的小计1占比=79.32%，其他项目的小计2占比=8.58%，合计占比=87.90%，还有12.10%的余地。

> **解读笔记**
>
> 地市分公司薪酬总额计提的思路：以通信业务收入为依据，对不同地区确定计提比例，得到薪酬总额基数。
>
> 运营商虽然规模庞大，但主营业务对各省公司都是一样的：移动通信、固定电话、宽带、其他增值业务。但各省、省内各地市的经济发达程度不同，生活水平不同，电信业务的市场容量不同。所以各运营商在设计集团对省公司，省公司对地市分公司的考核、薪酬方案时，几乎都要划分地区类别。
>
> 薪资总额计提合理与否需要通过测算分析来判断。

第9章
IP卡公司的分公司考核办法
（运营商J的绩效考核案例解读）

电信运营商J成立于1994年，2001年并入网通公司，当时主营IP卡。运营商J虽然消失了，但它的绩效考核也是值得总结的。它在国内企业的绩效管理历史上留下了一笔，存在过的就应该有痕迹。

这个考核方案叫省级分公司试点单位经营业绩评价办法。由三个子方案组成：试点单位经营业绩评价办法、试点单位薪资调整办法、试点单位经营等级管理办法。既然叫"试点单位"，说明J公司当时也处于探索阶段。

9.1　分公司经营业绩评价办法

分公司经营业绩评价办法主要包括：经营业绩考核表及考核分计算、奖金挂钩。

1.分公司经营业绩考核表

分公司经营业绩考核表有6个指标，分别是：现金收入（20分）、人均现金收入（20分）、成本效益率（15分）、直接经营成本（20分）、市场份额（10分）、管理过程（15分），总分100分。见表9.1。

管理过程又拆分为3个小指标：财务、网络运维、资产管理，权重分别为：10分、3分、2分。

表9.1　经营业绩评价办法

序号	绩效指标	指标定义	权重	计分规则
1	现金收入	计划收入：以年初下达的收入目标为依据。实际完成收入=财务部现金流量表中现金收入数据−代理费用及违规数额+所属地的国际漫游等业务的分摊收入	20	（实际完成收入/计划收入）×权重，最高20分封顶
2	人均现金收入	实际完成人均收入=实际完成现金收入/实际月平均人数。月平均人数取自各月人力资源部统计数据	20	按实际完成人均收入在分公司之间排名，取20个分数档次，最高20分封顶
3	成本收益率	成本收益率=现金收入/总成本，总成本以财务部损益表数据为准	15	（本年实际成本收益率/上年成本收益率）×权重，最高15分封顶
4	直接经营成本	直接经营成本目标，以年初计划为准。实际完成直接经营成本，以财务部损益表中数据为准	20	（计划直接经营成本/实际完成直接经营成本）×权重，最高20分封顶
5	市场份额	实际完成市场份额=实际完成现金收入/当地相应收入总额。当地相应收入总额以信息产业部规划司统计数据和当地通信管理局统计数据为准	10	按实际完成市场份额在分公司之间排名，以总公司在全国的平均市场份额为基准，取10个分数档次，最高10分封顶
6	管理过程	财务管理指标以财务部提供数据为准	10	按实际所得分数取分
		网络运维管理水平评价指标，指分公司的网络运维维护水平指标，由网络运维部提供依据	3	
		资产管理水平评价指标，指分公司资产管理、调配、维护水平指标，由资产部提供依据	2	
	小计		100	

分公司考核得分 X=∑单项指标考核分。分公司考核分模拟计算测算见表 9.2。分公司考核分 =93.38 分。

表9.2 分公司考核分模拟计算

	绩效指标	单位	权重分	目标值	实际值	得分	Excel公式设置
1	现金收入	万元	20	1000	1050	20	=IF（F4≤E4,F4/E4*20,20）
2	人均现金收入	万元	20		第5名	16	
3	成本效益率	%	15	70%	72%	15.00	=IF（F6≤E6,F6/E6*D6,15）
4	直接经营成本	万元	20	700	730	19.18	=IF（E7≤F7,E7/F7*D7,20）
5	市场份额	名次	10		第8名	10	
6	管理过程	分	15			13.2	
	合计		100			93.38	

表9.2中的现金收入指标、市场份额需单独建表计算。

假定有25个分公司，根据人均收入（万元/人）排名，分公司18的人均现金收入=66万元/人，排名第5，得分=16分。见表9.3。

表9.3 现金收入的考核得分模拟计算

分公司		19	23	15	4	18	1	14	7	17	6	24	8	13	2	12	5	11	9	3	22	25	10	16	21	20
人均现金收入	万元/人	78	68	67	66	66	60	56	55	55	54	54	53	52	50	50	49	49	47	45	45	45	44	44	44	39
排名	名	1	2	3	4	5	6	7	8	9	10	11	12	13	14	15	16	17	18	19	20	21	22	23	24	25
单项得分	分	20	19	18	17	16	15	14	13	12	11	10	9	8	7	6	5	4	3	2	1	0	0	0	0	0

市场份额的测算见表9.4。

假定在Excel表中，分公司19在C列，相对系数在4行，总公司在AC列，则分公司19的相对系数的Excel公式设置为：=C3/$AC3。注意：用$固定列。右拉公式，得到其他分公司的相对系数。

分公司19的单项得分的Excel公式设置为：=IF(C4≤1,C4*10,10)，右拉公式，得到其他分公司的单项得分。

在表9.4中，模拟测算的分公司18的市场份额单项得分=10分。

表9.4 考核分模拟计算

分公司		19	23	15	4	18	1	14	7	17	6	24	8	13
市场份额	%	6.1%	6.0%	5.8%	5.5%	5.3%	5.0%	4.8%	4.5%	4.2%	4.1%	4.0%	4.0%	4.0%
相对系数		1.49	1.46	1.41	1.34	1.29	1.22	1.17	1.10	1.02	1.00	0.98	0.98	0.98
单项得分	分	10.0	10.0	10.0	10.0	10.0	10.0	10.0	10.0	10.0	10.0	9.8	9.8	9.8
分公司		2	12	5	11	9	3	22	25	10	16	21	20	合计	总公司
市场份额	%	4.0%	4.0%	4.0%	3.9%	3.3%	3.2%	3.0%	2.7%	2.5%	2.2%	2.0%	1.9%	100.0%	4.10%
相对系数		0.98	0.98	0.98	0.95	0.80	0.78	0.73	0.66	0.61	0.54	0.49	0.46		
单项得分	分	9.8	9.8	9.8	9.5	8.0	7.8	7.3	6.6	6.1	5.4	4.9	4.6		

2. 分公司奖金总额与业绩挂钩

分公司的考核分=93.38分，与奖金总额如何挂钩呢？

计算公式：分公司年度实际奖金包=年度考核奖金包Y+超额奖励W，其中，年度考核奖金包Y与经营业绩考核分X的关系，见表9.5。

表9.5 年度考核奖金包Y的计算

经营业绩考核分X	年度考核奖金包Y
90～100	Y=年奖金包基数×1
90以下	Y=年奖金包基数×X/100

超额奖励W根据现金收入超额提成，计算公式：W=（实际现金收入－计划现金收入）×5%。

测算见表9.6。

表9.6 奖金总额测算

年度奖金包U	经营业绩考核分X	年度考核奖金包Y	计划现金收入	实际现金收入	提成比例	超额奖励	合计
万元	分	万元	万元	万元	%	万元	万元
560	93.38	560	1000	1050	5%	2.5	562.5

Excel 测算技巧如下。

假定经营业绩考核分 X 在 E 列，93.38 在 4 行，则年度考核奖金包 Y 的 Excel 公式设置为：=IF(E4＜90,D4*E4/100,D4)。注意：当分公司很多时，可用这个 IF 函数自动计算；单个分公司直接人工判断录入即可。

9.2 薪资调整办法

分公司的薪资调整办法按分公司员工（除经营班子）、经营班子分别介绍。

1. 分公司员工的薪资组成

年薪＝底薪＋目标挂钩奖金。具体规定如下。

（1）底薪＝基本工资＋司龄工资＋岗位工资＋技能工资，岗位工资、技能工资不同时享受。

（2）目标挂钩奖金分月、年度，年度占 20%。

（3）完成、超额完成，薪资总额增加 10%。

（4）月目标挂钩奖金＝薪资总额×80%－底薪－加班工资。

基本工资＝基本工资基准值×学历系数×分公司薪资水平调节系数，见表 9.7、表 9.8。

表 9.7 基本工资学历系数

1	学历	基准值	倍数
2	中专	150	1.0
3	大专	250	1.7
4	本科，研究生班结业	400	2.7
5	双学士，研究生班毕业	500	3.3
6	硕士	650	4.3
7	博士	750	5.0
8	博士后出站	900	6.0

表9.8 分公司等级加权系数（分公司薪资水平调节系数）

分公司经营等级	一级		二级		三级		四级		五级		六级	
	甲等	乙等	甲等	乙等	甲等	乙等	甲等	乙等	甲等	乙等	甲等	乙等
分公司等级加权系数	1.25	1.23	1.2	1.18	1.16	1.14	1.12	1.1	1.08	1.06	1.04	1.0

2. 分公司经营班子的薪资挂钩

分公司经营班子月奖金＝分公司月挂钩奖金人均值×系数，见表9.9。

分公司经营班子年度奖金＝分公司年挂钩奖金人均值×系数，见表9.10。

表9.9 分公司经营班子的月奖金核定

职位	系数	基数
总经理	3	分公司月挂钩奖金人均值
副总（主持工作）	2.5	
副总	2	

表9.10 分公司经营班子的年奖金核定

职位	系数	基数
总经理	5	分公司年挂钩奖金人均值
副总（主持工作）	4	
副总	3	

> **解读笔记**
>
> 2015年开始的央企和地方国企薪酬改革，主要是负责人降薪，高管与员工的收入差距从约12～13倍要下降到7～8倍。运营商在当时（约2003年）试行高管与员工的奖金差距在2～3倍（月）、3～5倍（年终），从今天来看，是完全符合当下政策的。当然，以奖金差距作为比较的口径与薪资收入差距作为比较口径还是有所区别。

9.3 分公司经营等级调整办法

表9.8说明了分公司经营业绩好坏对员工薪酬收入浮动的影响。现在，进一步介绍分公司经营等级划分及怎样得到分公司等级加权系数（分公司薪资水平调节系数）。

§9.3.1 分公司经营等级划分标准

根据分公司的业务量指标划分，其指标定义见表9.11。

表9.11 分公司经营等级划分标准

	业务量的指标	指标	单位
1	IP电话	月均IP电话国内通话时长×0.3	分钟×元/分钟
2	IP电话	月均IP电话国际通话时长×3.42	分钟×元/分钟
3	IP电话	月均IP电话港澳台通话时长×1.5	分钟×元/分钟
4	INTERNET接入拨号	月均INTERNET接入拨号业务实际现金收入	元
5	INTERNET接入专线	月均INTERNET接入专线业务实际现金收入	元
6	组网	月均组网业务现金收入	元
7	互联网数据中心（IDC）、卫星通信基站（VSAT）	月均其他增值业务实际现金收入	元
8		月均本地网间结算费用额=IP电话通话时长×0.06	分钟×元/分钟

计算公式：最终得分＝月均相对业务总量×0.6+月均收支差额×0.2+人均月均相对业务总量×0.2。其中，差异系数＝最大值/实际值，实际值＝各地月均电信行业业务总量/各地月均最终消费值，各分公司的月均相对业务总量，见表9.12。

表9.12 各分公司人均月均相对业务总量

绩效指标的目标值下限			对应等级分数
月均相对业务总量	月均人均收支差额	人均月均相对业务总量	
万元/月	万元/月	万元/月	分
4000	500	18	6.5
2400	250	15	6
1600	150	12.5	5.5
800	100	10	5
400	75	8	4.5
300	50	6	4
100	25	4.5	3.5
70	0	3	3

续表

绩效指标的目标值下限			对应等级分数
月均相对业务总量	月均人均收支差额	人均月均相对业务总量	
万元/月	万元/月	万元/月	分
40	-10	2	2.5
20	-20	1	2
10	-30	0.5	1.5
0	-40	0	1

数据来源：以财务部、清算中心提供的数据为准。

经营等级划分标准，见表9.13。

表9.13　分公司经营等级划分标准

分公司经营等级		最终得分的上限
一级	甲等	1.25
	乙等	1.75
二级	甲等	2.25
	乙等	2.75
三级	甲等	3.25
	乙等	3.75
四级	甲等	4.25
	乙等	4.75
五级	甲等	5.25
	乙等	5.75
六级	甲等	6.25
	乙等	6.75

§9.3.2　分公司经营等级的权益和变动

分公司经营等级对分公司的奖罚影响通过分公司经营等级的权益体现，见表9.14。

表9.14 分公司经营等级的相应权益

分公司经营等级		相应权利			
		收入与薪资挂钩系数	财务支配权	车辆调度	网络支持力度（扩容负荷）
一级	甲等	1	80万每月		
	乙等	1.04	50万每月		
二级	甲等	1.06	30万每月		
	乙等	1.08	20万每月		
三级	甲等	1.1	10万每月		
	乙等	1.12	无		
四级	甲等	1.14	无		
	乙等	1.16	无		
五级	甲等	1.18	无		
	乙等	1.2	无		
六级	甲等	1.23	无		
	乙等	1.25	无		

分公司的经营等级随经营业绩好坏变动，经营等级升降规则如下。

（1）对前3月的经营数据，划分经营等级。

（2）每月对前3月的经营数据进行评定。

（3）连续3次达到上一等级的标准，经营等级晋级。

（4）连续3次达到下一等级的标准，经营等级降级。

（5）连续2次降级，给予黄牌警告。

（6）六级乙等的分公司，6个月后未上升到六级甲等，对分公司负责人免职。

解读笔记

分公司经营业绩考核表，在计分规则方面，采取了以下两种计分方法。

第一种叫绝对比例法，X=实际值/目标值×权重。比如现金收入指标、成本收益率、直接经营成本。现金收入越大越好，所以X=实际值/目标值；直接经营成本越小越好，所以X=目标值/实际值；收益成本率，以上年实际值作为目标值。

第二种叫排名法，从高到低排序，分档取分。比如人均现金收入、市场份额，市场份额采取了比平均法。

另外一个特点就是单项按权重分封顶。不考虑权重，就是单项最高100分，也就是只扣不加。单项考核分封顶，对实际值大于目标值的情况，缺乏激励。无基本目标作为下限，要求过低。

薪资调整办法如下。

分公司员工的薪资组成先定薪资总额，再按20%作为年度目标挂钩奖金，80%中扣除底薪和加班扣除作为月度目标挂钩奖金。看起来，月度挂钩与年度挂钩的关系不太明确，是一个变动的数据。

分公司经营班子年度奖金，把经营班子的奖金以分公司员工人均奖金作为依据，按倍数核定，也是个不错的方法。年度的系数比月度高。

从2014年起，新发牌照的虚拟运营商做转售业务、卡类业务的考核可以以本案例为参考。

第10章

销售分公司经理年薪制考核

(某国产手机厂家绩效管理案例解读)

该公司对销售分公司经理实行年薪制,对奖金进行考核。方案符合常规,简单易行,包括年薪组成、月度考核、年终考核。年收入包括补贴、年薪。其中补贴组成包括地区补贴、年资补贴、学历补贴、其他补贴;年薪组成包括基本工资(30%)、月奖金(30%)、年终奖金(40%)。

10.1 分公司经理的月度考核

月度考核分计算如下。

计算公式:月度考核分=∑目标达成率×权重×100。其中,目标达成率=实际值/目标值×100%。

分公司经理的月度考核设置三个关键绩效指标(KPI):任务完成率(50%)、费用回款比(30%)、利润率(20%),见表10.1。

表10.1　分公司经理月度KPI

序号	关键业绩指标	权重
1	任务完成率	50%
2	费用回款比	30%
3	利润率	20%
4	合计	100%

月度考核奖金计算如下。

计算公式：某分公司经理月奖金=各分公司经理的月奖金总额W×（月度考核分X/∑月度考核分X）。其中，各分公司经理的月度奖金包W=分公司经理年薪基数×月奖金比例/12×分公司经理人数N。

某分公司经理月奖金的测算，见表10.2。

表10.2　分公司经理月奖金测算

分公司	年薪	月奖金比例	月奖基数	人数	月度奖金包W	考核分X	考核分之和∑X	系数=X/∑X	考核月奖金
	万元	%	元	人	万元	分	分		元
分公司1	20	30%	5000	5	25000	95	464	0.205	5119

10.2　分公司经理的年终考核

年终考核分计算如下。

计算公式：某分公司经理年终考核分=∑目标达成率×权重×100+制度执行考核分×权重。其中，目标达成率=实际值/目标值×100%，制度奖罚含加分、扣分。

分公司经理的年终KPI由4个指标组成：任务完成率、费用回款比、利润率、制度执行情况。与月度考核对比，增加了制度执行情况的加分、扣分考核，权重有所调整。见表10.3。

表10.3 分公司经理年终KPI

序号	关键业绩指标	权重
1	任务完成率	50%
2	费用回款比	15%
3	利润率	15%
4	制度执行情况	20%
5	合计	100%

年终奖考核计算如下。

计算公式：某分公司经理考核的年终奖金包=各分公司经理年终奖金包U×（年终考核分Y/∑年终考核分Y）×分公司销售额达成率。其中，各分公司经理年终奖金包U=∑（分公司经理年终奖金计划额×年终奖金计提比例）×分公司经理人数。

分公司销售额达成率=分公司实际年销售额/分公司计划年销售额。

某分公司经理的年终奖考核测算，见表10.4。

表10.4 分公司经理的年终奖考核测算

年终奖计划额	计提比例	人数	年终奖金包U	计划销售额	实际销售额	销售额达成率	考核分 X	考核分之和 ∑X	系数 X/∑X	考核的年终奖
万元	%	人	万元	万元	万元	%	分	分		万元
8	0.9	5	36	4000	3800	95.0%	93	459	0.203	6.93

考核结果运用及特殊规定如下。

对连续3个月排名倒数3名内的分公司经理，总公司随时可免职，或人事调整。

对连续违反总公司制度2次以上，受到严重警告的分公司经理，总公司随时可罢免其职务。

方案还考虑了分公司经理中途异动的考核和奖金计算依据：月基本工资、奖金，按所在省份规定计算发放。对年终考核奖金采取分段计算：年终考核分=（∑目标达成率×权重+制度执行考核分×权重）×所在第1家分公司月数/12+（∑目标达成率×权重+制度执行考核分×权重）×所在第2家分公司月数/12。

> **解读笔记**
>
> 本案实际上是薪酬与绩效结合的案例。
>
> 分公司经理是销售类别，但未采取提成制，而是奖金制。
>
> 分公司经理的年薪基数、月奖金基数、年终奖金基数不考虑分公司之间的差异。
>
> 月度奖金、年终奖金的考核挂钩方式有共同点，也有差别：两者都采取了分公司之间的竞赛，奖金系数=考核分x/∑x。年终奖金在此基础上，还受到本分公司销售业绩的影响，此处增加了分公司销售额达成率这个指标，即月度奖金总包是不变的，年终奖金总包是变动的。
>
> 在指标计分公式的描述方面存在不足：目标达成率=实际值/目标值×100%，适用于"越高越好"的指标：任务完成率、利润率、制度执行情况。对"越低越好"的指标，如费用回款比，应描述为：目标达成率=目标值/实际值×100%。
>
> 制度执行情况的加分、扣分规定不够详细。
>
> 分公司经理按任职分段计算奖金，可能是因为存在分公司经理频繁调动的情况。
>
> 本方案看不出行业特性。
>
> 就经营历史回顾来看，该国产手机公司在当时，销售方面不断扩张，农村包围城市。其对销售分公司经理的激励机制应该是匹配的。虽然本方案的机制简易，但只要符合当时本企业的特定情况，就是合适的。

第11章
销售人员年薪制考核方案

（制造企业 S 的销售考核案例解读）

某制造企业的销售人员实行年薪制，考核方案包括：产品结算办法、销售公司薪资管理办法、销售工程师月度考核实施方案。

11.1 产品结算
（四类业务费提成）

产品结算说的是业务费的提取。本方案将产品结算分为四类：传统产品、其他产品、回收业务、代维业务，并对分公司的年终奖、房租补助、团队建设进行规定。

§11.1.1 传统产品业务费结算

传统产品业务费结算要点包括客户分类、提取比例、利息奖罚、业务费结算、超价奖励。

1. 客户分类

国内市场分集采客户与非集采客户。集采费用和重点大客户市场开拓费用，在回款比例提取范围内照实列支；非集采客户、一般客户，实行业务费用结算制。集采客户的费用提取计算公式：传统产品的业务费=回款净额×2%+利息奖罚+超价奖罚。

2. 提取比例

集采客户按照回款额的X%提取，大客户按照Y%提取，建立单独账目。

3. 利息奖赔

对每笔回款进度，按照银行同期工贷利率逐日单独计息奖赔。根据行业集采框架协议中的回款要求，由市场部经理提供依据，财务核计每笔货款的基准回款期。提前回款所产生的利息奖励业务员；逾期回款所产生的利息由业务员承担。

4. 业务费结算

计算公式：业务费=回款净额×2%。其中，回款净额=回款额－柜架费用－运输费－安装费用。

5. 超价奖励

净价超过基价部分，奖励业务员超价的50%；净价低于基价，差额部分在业务费用中承担。其中，产品基价指当月产品结算价与上月网上平均原料价联动，每月2日由国内业务部、财务部、物流部签发后及时公布。特殊客户的处理由市场部经理审批。

✎ 解读笔记

集采是集中采购的简称。电信运营商最早是分散采购，每个省公司，甚至地市分公司、县分公司都可以自行采购。后来运营商为了压低采购价格，逐步把采购权限集中到省公司，最后到集团公司。

> 这个结算方法的基本逻辑是，按照回款的比例提取业务费，通过利息奖罚控制回款进度，通过价格奖罚控制毛利。净价是折扣后的价格，基价是基准价。产品基价与上月网上平均原料价联动，是因为产品原材料价格波动较大，联动可以控制这个因素的影响。

§11.1.2 其他产品业务费结算

1. 系统销售依据基价按照项目结算

系统销售的业务费=基价回款额×5%+超过基价回款额×50%+按合同中规定的回款期进行银行工贷利息奖赔。

对于低于基价部分的订单在合同评审时明确相关政策，并报市场部经理批准后方可执行。

2. 其他费用

在前期考察、产品设计、后期产品安装调试及交付的过程中，公司委派人员所产生的费用由公司事业部承担。

因系统设计错误、工程施工不当造成验收不合格的，由负责人承担相关损失。

§11.1.3 回收业务业务费结算

计算公式：回收业务的业务费=该业务实际的净利润×50%。回收业务分以下两类情况。

1. 现金交易

"现金交易"净利润=旧产品卖出价格-客户要价-相关费用。其中，相关费用包括客户佣金、运输、二次装卸费及相关税收（指回收商要求开票公司所承担的税金部分）。

2. 以旧换新

"以旧换新"净利润=（旧产品卖出价+回款回款额）−新产品价格−相关费用。其中，新产品价格为=按该笔业务所属行业对应的产品基价×数量+柜架金额。

§11.1.4 代维业务业务费结算

结算依据：产品代维服务的业务费=该服务项目实现净利润×50%。结算业务费给业务当事人。

结算公式：净利润=（收取代维总费用−设备折旧−人员工资−其他直接相关支出−税金）×50%。其中，税金按照收取代维费用的25%计算。设备折旧=（设备总价×实际使用天数）/（360×3）。人员工资按月工资3000元计算，人员工资=3000×实际使用天数/30。

§11.1.5 分公司考核奖励配套（年终奖励、房租补助）

1. 区域分公司年终奖励方案

区域分公司的年终奖励，包括考核与奖励额度。

分公司考核表，见表11.1。

表11.1 分公司考核表

序号	考核指标	计分方法	权重
1	回款完成率	以100%为基数，同比得分	40%
2	客户后评估推荐	根据各分公司三个行业的后评估推荐，每个行业满分为10分；推荐排名第一得分10分；第二得7分；第三得5分；第四得3分；低于第四或不推荐得0分；该项总得分取行业的总分	30%
3	客户满意度评价	根据各分公司内年度客户满意度调查的均分计，百分比考核	10%
4	新产品、新市场开拓	按下达给各分公司的新产品、新市场指标的完成情况同比率考核得分	10%
5	新人成长	业绩=（新人实际完成总量/公司下达给各分公司新人的总指标额）×100	5%
6	逾期货款	分公司全年逾期货款必须清零，如出现逾期，此项得分以0分计	5%
		合计	100%

计分方法的说明如下。

每项加分不得超过该项满分的50%；扣分项扣完为止，不倒扣。

如出现以下情况，分公司目标回款奖励实行一票否决。

（1）总得分在60分以下；

（2）因分公司主观原因造成后评估没有推荐，进而造成主导市场丢失或占有率下降20%以上；

（3）分公司出现重大服务事故造成20万元以上损失的；

（4）分公司所属客户对公司进行通报批评或索赔的；

（5）因分公司原因导致公司声誉受到严重影响，在相关媒体上曝光的；

（6）分公司范围内出现泄漏公司经营秘密，利用公司平台经营非公司品牌产品及其他违法、违纪行为的；

（7）分公司所属成员出现坑害用户、坑害公司及对家庭不负责任等其他与公司文化不一致的行为。

奖励额度＝正激励＋负激励。

（1）正激励：

目标回款奖激励额＝（集采直接分配配额部分×地区权重＋其余部分×1.5%）×得分/100。其中，其余部分指集采行业非总部直接分配配额部分、非集采客户和新能源产品回款。综合市场容量、地理位置等因素考虑，各省分公司分为三类地区：一类地区权重为0.45%，二类0.65%，三类0.85%。

（2）负激励：

逾期货款＝逾期1年以内的货款总额×6×0.6%＋逾期1～2年的货款总额×12%×0.6＋逾期2年以上的货款总额×100%。

奖励额度如为负，则归零计。

年终奖励实行分段发放制：第2年1月份发放总奖励额的70%；经考核，第2年该区域市场经营质态持续良好，第3年1月份发放余下的30%。

> **解读笔记**
>
> 客户后评估推荐，是电信运营商对供应商集采后提供服务的综合评估，对下一次集采有加分或减分的直接影响，所以产品厂家把这个来自客户的压力传递给内部的销售公司、部门和岗位。
>
> 地区分类是差异系数，对于全国性业务的公司需要考虑。
>
> 一票否决是对销售人员的红线警告行为约束。
>
> 奖励分段发放，是公司的控制手段。

2. 分公司房租补助规定

分公司办公用房由分公司选址，报公司批准后确定；房租先由分公司预借，由各分公司先行承担。

按年度回款业绩补助房租，来年一季度内补助到位。

国内市场根据回款额分段补助：3万、4万、6万、9万、12万。

国际市场根据回款额分段补助：20万、30万、40万。

回款额达到一定规模的分公司实行办公、生活区分开管理。

使用公司承担费用的办公用房，分公司房租不补，但办公费用要按照相关规定进行分摊。住宿用房按单项责任制执行。

经考核，低于80分的分公司不予补助。

11.2 销售公司薪资管理办法

销售公司薪资管理，根据人员级别制定不同的薪资标准，并考核挂钩。

根据年销售额分段对国内分公司经理划分为三级。国外分公司经理级别等同于国内分公司一级经理，副经理按经理待遇的80%执行。

根据年销售额分段、个人年度服务业绩综合考评对销售工程师划分为五级。

分公司经理、销售工程师的薪资标准,见表11.2。

表11.2 分公司经理、销售工程师的薪资标准

级别	分公司经理		销售工程师	
	国内	国外	国外	国外
	元/月	元/月	元/月	元/月
一级	12000	12000	6000	8000
二级	1000	—	5000	6000
三级	8000	—	4000	—
四级	—	—	3000	—
五级	—	—	2500	—

月工资=月工资标准×月度考核分。福利补助及司龄工资标准参照集团薪资管理规定执行。

市场系统根据以上管理办法提供薪资结算考核数据,由集团财务部抄报工资表,交人力资源部复核后,报集团分管副总经理批准发放。

11.3 销售工程师月度考核实施方案

§11.3.1 考核表及计算

分公司经理考核表,见表11.3。

销售工程师(负责回款)考核表,见表11.4。

销售工程师(不负责回款)考核表,见表11.5。

考核分计算公式:分公司经理得分=区域分公司月度回款额/区域分公司月度指标,销售工程师得分=行业月度回款额/行业月度指标。

月回款业绩得分超过满分的两倍的部分,自动顺延至下一个月,业绩得分不再顺延下一年度。

表11.3 分公司经理考核表

序号	考核指标	权重
1	传统产品回款额	30%
	新能源产品回款额	10%
2	客户评价	20%
3	信息汇报	20%
4	出勤	10%
5	日常工作要求	10%
6	合计得分	100%

表11.4 销售工程师(负责回款)考核表

序号	考核指标	权重
1	传统产品回款额	30%
	新能源产品回款额	
2	客户评价	20%
3	信息汇报	20%
4	出勤	20%
5	日常工作要求	10%
6	合计得分	100%

表11.5 销售工程师(不负责回款)考核表

序号	考核项目	权重
1	客户评价	50%
2	信息汇报	20%
3	出勤	20%
4	日常工作要求	10%
5	合计得分	100%

国内业务部每月28日前提交销售系统人员考核得分至人力资源部及财务部,作为工作发放的依据。

月度工资=工资级别标准×考核分/100。

§11.3.2 考核办法

1.客户评价

国内业务部分管服务负责人、事业部负责人每月对分公司所属区域的关键客户进行调查、走访,并根据客户的反馈意见进行评分。国内业务部分管服务负责人主要负责地市级客户,事业部负责人主要负责省公司关键客户。二者权重各占10%。

客户调查可采用问卷、面谈、邮件、电话回访等多种形式,综合客户对公司的综合评价情况而定。

每月28日前将各分公司客户评价得分情况进行汇总统计。

2. 信息考核

（1）信息周报。

分公司经理、销售工程师每周填报工作周报。具体内容及要求按《分公司经理工作周报》《销售工程师工作周报》格式填写。

每周六上午11:30前以邮件方式发至国内业务部信箱。未按时填报或不报，负激励5分/次；填报质量不符要求，负激励2～5分/次。

（2）工作月报（分公司经理填报）。

分公司经理于每月26日下午17:00前向国内业务部提交月报工作报告；具体按《分公司经理月度报告》内容和要求填报。未及时填报，负激励10分/次；填报质量不符要求，负激励5～10分/次。

（3）其他。

对于下发的专项调查等，未及时填报，负激励5分/次；填报质量不符要求，负激励2～5分/次。

提供具有较高价值的竞争对手信息，经确认后，正激励5～10分/次。

提出公司产品、管理、服务等项目合理化改进建议，经公司采纳使用，正激励5～10分/次。

用户提出书面表扬的，正激励销售工程师（不对销售指标负责）5～10分/次。

3. 出勤考核

国内业务部负责各事业部、分公司负责人的考勤、统计。

公司经理负责所属区域内销售工程师的考勤考核，并于每月27日下午5:00之前将考勤考核表传真至国内业务部，不报者按零分计。国内业务部随时督查所有人员的出勤动向。

无论公私原因还是节假日离岗休假，所有人员必须在离岗前履行相关手续，具体要求如下。

请私假者,填写请假条。分公司经理请假报国内业务部负责人审批,销售工程师报分公司经理审批,并报至国内业务部备案。超过十五天以上,需经市场部经理审批。

到异地办公者(离开所属区域),须填写异地办公申请单。经过上级领导签署同意后,报至国内业务部备案。

返岗后,须以分公司固定电话及时向国内业务部汇报,申请销假。否则,仍按缺勤计。

所有销售系统人员每年享有69天的休假(含周六、周日及法定假日),累计请假超过60天,每超过一天,负激励2分。

未按以上规定办理离岗请假手续者,自离岗之日起按旷工计。旷工期间每天2分负激励,并处以300元/天的罚款。分公司经理对所属成员离岗不报者,离岗人员每离岗一天,负激励分公司经理考核分5分/天。

4.日常工作要求

《应收账款管理数据库》《产品服务数据库》《客户关系数据库》按时填报,每月报国内业务部审核,未及时更新,负激励5分/次。

票据报支存在弄虚作假的,负激励报支人与分公司经理各10分/次。

未按公司规定着装,负激励5分/次。

所有人员经公司认定的通信工具出现不畅通情况,负激励5分/次;通信工具一天内均不畅通的,以旷工论处。

第12章

部门KPI指标库

（上市国企绩效管理案例解读）

这是一家中西部地区的制造行业的上市国企。本章介绍它的各部门KPI指标库，覆盖的部门比较全面。部门可划分为五类：营销部门、生产部门、技术部门、供应链部门、职能部门。

营销部门包括销售部、市场部；生产部门包括锻造A车间、锻造B车间、热处理车间、装配车间、装备车间；技术部门包括研发部、技术部；供应链部门包括计划部、采购部、质量部；职能部门包括办公室、财务部、人力资源部。

KPI考核表模板设计规范包括考核项、KPI、权重、单位、指标定义、评价方法、数据来源、计分规则、目标值。部门KPI模板，见表12.1。

表12.1 部门KPI表模板

序号	考核项目	KPI	权重	单位	指标定义	评价方法	数据来源	计分规则	目标值

考核项、KPI选取反映出各部门在企业价值链所处环节的特点。

12.1　营销部门的 KPI 考核表
（销售部、市场部）

销售部的 KPI 表，见 12.2。

表12.2　销售部KPI表

序号	考核项目	KPI	权重	单位	指标定义	评价方法	数据来源	计分规则	目标值
1	销售收入	累计同比增长率	10%	万元	累计同比增长率P=（当年分月累计销售收入/上年分月累计销售收入－1）×100%	销售收入明细表	财务部	X=权重×系数L。L对应累计同比增长率P的分段系数，最大1.6，最小0.4	34578
2		分月销售收入预算目标达成率	15%	%	分月销售收入预算目标达成率P=当年分月销售收入/当年分月预算销售收入×100%，当月销售收入预算准确率Q=销售量与计划偏差小于5%的销售品种数/计划销售品种数×100%			X=权重×系数L_1×系数L_2。L_1、L_2分别对应P、Q的分段系数，$L_1×L_2$最大1.6，最小0.4	P=100%，Q=70%
3	新品新市场销售收入	累计预算达成率	15%	万元	累计预算达成率P=当年分月累计新品新市场销售收入/当年分月累计预算新品新市场销售收入×100%，依据各部门提供的新品编码核实该产品当月开票金额	销售收入明细表、产品明细表	战略投资部	X=权重×系数L。L对应累计同比增长率P的分段系数，最大1.6，最小0.4	7716
4	战略客户市场占有率	战略客户市场占有率	10%		P=（R实际值－R目标值）/R目标值×100%，前5名战略客户市场占有率R=公司销量/客户销量×100%		市场部	X=权重+R实际值/5%，X/权重最大1.6，最小0.4	48%

续表

序号	考核项目	KPI	权重	单位	指标定义	评价方法	数据来源	计分规则	目标值
5	应收账款回款率	回款率	20%		P=考核期实际回款总额/按合同计算考核期应回款额×100%	财务报表、统计报表	财务部	X=权重×系数L。L对应累计同比增长率P的分段系数，最大1.6，最小0.4	97%
6	销售费用控制	销售费用率	10%		P=1−(R实际值/R目标值−1)，R=(实际费用/实际收入−预算费用/预算收入)/(预算费用/预算收入)×100%	财务报表、统计报表	财务部	X=权重×系数L。L对应P的分段系数，最大1.6，最小0.4	4.70%
7	客户质量信息反馈	整改率	5%		P=(R实际值−R目标值)/R目标值×100%，整改率R=当月完成项数/当月质量信息反馈数×100%，包含客户反馈的信息和主机厂实物质量对标情况	质量报表	质量部	X=权重+R实际值/5%，X/权重最大1.6，最小0.4	100%
...									

市场部的KPI表，见12.3。

表12.3 市场部KPI表

序号	考核项目	KPI	权重	单位	指标定义	评价方法	数据来源	计分规则	目标值
1	行业预测准确率（M-1、M-3）		20%	%	R_1=当月实际值/上月综合预测值×100%，R_2=当月实际值/前3个月综合预测值×100%	PPT文件、网站	办公室	X=权重+(R_1−目标值)/目标值+(R_2−目标值)/目标值，X/权重最大1.6，最小0.4	90%
2	顾客满意度监控		0%		每季收集顾客对供应商的评价报告、考核表或相关信息，形成供公司领导参考的报告		主管领导	X=权重×系数L。L对应P的分段系数，最大1.6，最小0.4	良

续表

序号	考核项目	KPI	权重	单位	指标定义	评价方法	数据来源	计分规则	目标值
3	销售费用控制	销售费用率	20%	%	P=（实际费用/实际销售收入－预算费用/预算销售收入）/（预算费用/预算销售收入）×100%	财务报表、统计报表	财务部	X=权重×系数L。L对应累计同比增长率P的分段系数，最大1.6，最小0.4	0.16%
4	服务满意度	当月服务满意度	10%	%	P=当月服务点评价分/基准分×100%	满意度调查表		X=权重×系数L。L对应P的分段系数，最大1.6，最小0.4	85%
5	每月提交A、B类产品竞争对手营销对策分析和市场情报收集		20%		用数据分析焦点问题，改善思路，制订工作实施计划。主管领导评价：优；良；中；一般；差		总经理、主管领导	X=权重×系数L。L对应P的分段系数，最大1.6，最小0.4	中
…									

12.2 生产部门的 KPI 考核表
（锻造、热处理、装配、装备车间）

锻造 A 车间的 KPI 表，见表 12.4。

锻造 B 车间的 KPI 表，见表 12.5。

热处理车间的 KPI 表，见表 12.6。

装配车间的 KPI 表，见表 12.7。

装备车间的 KPI 表，见表 12.8。

第12章 部门KPI指标库

表12.4 锻造A车间KPI表

序号	考核项目	KPI	权重	单位	指标定义	评价方法	数据来源	计分规则	目标值
1	销售收入		10%	万元	累计同比增长率P=（当年分月累计销售收入/上年分月累计销售收入-1）×100%	销售收入明细表	财务部	X=权重×系数L_0，L对应累计同比增长率P的分段系数，最大1.6，最小0.4	34578
2	销售收入		15%	%	分月销售收入预算目标达成率P=当年分月销售收入/当年分月预算销售收入×100%，当月销售收入预算准确率Q=销售量与计划偏差小于5%的销售品种数/计划销售品种数×100%			X=权重×系数L_1×系数L_2，L_1、L_2分别对应P、Q的分段系数，$L_1×L_2$最大1.6，最小0.4	P=100%，Q=70%
3	新品新市场销售收入		15%	万元	累计预算达成率P=当年分月累计销售收入/当年分月累计预算新品新市场销售收入×100%，依据各部门提供的新品编码核实该产品当月开票金额	销售收入明细表、产品明细表	战略投资部	X=权重×系数L_0，L对应累计同比增长率P的分段系数，最大1.6，最小0.4	7716
4	战略客户市场占有率		10%		P=（R实际值-R目标值）/R目标值×100%，前5名战略客户市场占有率R=公司销量/客户销量×100%		市场部	X=权重+R实际值/5%，X/权重最大1.6，最小0.4	48%
5	应收账款回款率	回款率	20%		P=考核期实际回款总额/按合同计算考核期应回回款额×100%	财务报表、统计报表	财务部	X=权重×系数L_0，L对应累计同比增长率P的分段系数，最大1.6，最小0.4	97%
6	销售费用控制	销售费用率	10%		P=（实际费用/实际销售收入-预算费用/预算销售收入）/（预算费用/预算销售收入）×100%	财务报表、统计报表	财务部	X=权重×系数L_0，L对应累计同比增长率P的分段系数，最大1.6，最小0.4	4.70%
7	客户质量信息反馈		5%		P=（R实际值-R目标值）×100%，整改率R=当月完成项数/当月质量信息反馈数×100%，包含客户反馈的信息和主机厂实物质量对标情况	质量报表	质量部	X=权重+R实际值/5%，X/权重最大1.6，最小0.4	100%

187

表 12.5 锻造 B 车间 KPI 表

序号	考核项目	KPI	权重	单位	指标定义	评价方法	数据来源	计分规则	目标值
1	进度	计划完成率	15%	%	累计同比增长率P=（当年分月累计产值/上年分月累计产值-1）×100%	计划部	生产报表、订单考核办法	X=权重×系数L。系数L对应累计同比增长率P的分段系数，最大1.6，最小0.4	8%
2	进度与质量	预算计划完成率与完美订单率	15%	%	Q=当年分月实际入库产值/当年分月入库预算×100%。R=Σ当月完美订单数/当月完成数量偏差小于5%的品种数/计划应完成的品种数量×100%	计划部	生产报表、订单考核办法	X=权重×系数L₁×系数L₂，L₁对应预算计划达成率Q的分段系数，L₂对应完美订单率R的分段系数，最大L₁×L₂最大1.6，最小0.4	P=100%，Q=70%
3	成本	月成本下降金额	20%	万元	P=当月实际成本下降金额/当月计划成本下降金额×100%，月度降成本措施评审结果	财务报表、统计报表	财务部	X=权重×系数L。系数L对应P的分段系数，最大1.6，最小0.4	87
4	存货周转率		15%	次/年	P=R实际值/R目标值×100%，存货周转率R=月完工入库成本/（期初存货+期末存货）×2×12 存货周转指的是装配现场在制品的周转	月盘点表	财务部	X=权重×系数L。系数L对应P的分段系数，最大1.6，最小0.4	45
5		产成品交验PPM值	15%	PPM	P=1-（R实际值/R目标值-1），R=成检不合格数量/送检数量×1000000	质量报表	质量部	X=权重×系数L。系数L对应累计同比增长率P的分段系数，最大1.6，最小0.4	8000
6	质量损失率	当月内部质量废损率	10%	%	P=内部质量损失金额/锻造B车间当月产值	质量报表、生产产值报表	质量部	X=权重×系数L。对应P的分段系数，L最大1.6，最小0.4	0.16%

188

表12.6 热处理车间KPI表

序号	考核项目	KPI	权重	单位	指标定义	评价方法	数据来源	计分规则	目标值
1	订单进度与质量	预算计划完成率与周完成订单率	30%	%	Q=当年分月实际入库产值/当年分月入库产值预算×100%。R=∑当月每周完成订单率×当月周数×100%，当周完成数量偏差小于5%的品种数/计划应完成的品种数量×100%	计划部	生产报表、订单考核办法	X=权重×系数L_1×系数L_2。L₁对应预算计划达成率Q的分段系数，L_2对应完成订单率R的分段系数。$L_1 \times L_2$最大1.6，最小0.4	Q=100%，R=90%
2	成本	月成本下降金额	15%	万元	P=当月实际成本下降金额/当月计划成本下降金额×100%，月度降成本措施评审结果	财务报表、统计报表	财务部	X=权重×系数L。系数L对应P的分段系数，最大1.6，最小0.4	132
3	交验合格率	当月配套合格率	10%	次	P=移工合格批次/移工总批次×100%	质量部	质量报表	X=权重×系数L。系数L对应P的分段系数，最大1.6，最小0.4	96%
4	过程评价	当月内部质量废频率	10%	%	P=内部废损金额/全厂产值×100%	质量部	质量报表	X=权重×系数L。系数L对应P的分段系数，最大1.6，最小0.4	0.018%
5	过程评价	主机厂质量退货	10%		P=当月让步接受次数×0.5+当月质量退货次数×1，主机厂退货报表及质量索赔下账	质量部	质量报表	X=权重−P，X/权重最大1.6，最小0.4	0.00%
6	月维修市场理赔控制	当月维修市场理赔	10%	万元	P=1−（当月实际维修市场理赔额/当月维修市场理赔定额−1），维修市场热处理车间的理赔金额	质量部	质量报表	X=权重×系数L。系数L对应P的分段系数，最大1.6，最小0.4	2

表 12.7 装配车间 KPI 表

序号	考核项目	KPI	权重	单位	指标定义	评价方法	数据来源	计分规则	目标值
1	进度	计划完成率	15%	%	累计同比增长率 P=（当年分月累计入库产值/上年分月累计产值-1）×100%	计划部	生产报表、订单考核办法	X=权重×系数 L_1。系数 L_1 对应累计同比增长率 P 的分段系数，最大1.6，最小0.4	8%
2	进度与质量	预算计划完成率与完美订单率	15%	%	Q=当年分月实际入库产值/当月预算月入库产值×100%。R=∑当月每周完美订单率/当月周数×100%，当周完成数量偏差小于5%的品种数/计划应完成的品种数量×100%	计划部	生产报表、订单考核办法	X=权重×系数 L_1×系数 L_2。L_1 对应预算计划达成率 Q 的分段系数，L_2 对应完美订单率 R 的分段系数。$L_1×L_2$ 最大1.6，最小0.4	P=100%，Q=80%
3	成本	月成本下降金额	15%	万元	P=当月实际成本下降金额 当月计划成本下降金额×100%。月度降成本措施评审结果	财务报表、统计报表	财务部	X=权重×系数 L_0。系数 L 对应 P 的分段系数，最大1.6，最小0.4	35
4	存货周转率		10%	次/年	P=R 实际值/R 目标值×100%，存货周转率 R=货间工人库成本×2×12，存货周转（存货+期末存货）×2×12，存货周转指的是装配现场在制品的周转	月盘点表	财务部	X=权重×系数 L_0。系数 L 对应 P 的分段系数，最大1.6，最小0.4	90
5	存货定额	存货定额完成率	15%	万元	P=当月实际存货/当月存货定额×100%，存货定额财务部制定的理想库存	月盘点表	财务部	X=权重×系数 L_0。系数 L 对应 P 的分段系数，最大1.6，最小0.4	250
6	总成外部故障率		10%	%	P=1-（R 实际值/R 目标值-1），R=外部反馈质量问题发生数量×100%	质量报表	质量部	X=权重×系数 L_0。系数 L 对应累计同比增长率 P 的分段系数，最大1.6，最小0.4	4%
7	总成一次装配合格率		10%	%	P=（退回的总成故障次数+主机厂反馈的总成故障台数+服务件的总成台数）/总成发货数量（按月累计）	质量报表	质量部	X=权重×系数 L_0。系数 L 对应累计同比增长率 P 的分段系数，最大1.6，最小0.4	90.00%

表 12.8 装备车间 KPI 表

序号	考核项目	KPI	权重	单位	指标定义	评价方法	数据来源	计分规则	目标值
1	（装备）完美订单率	刀具、夹具、量具计划完成率	10%	%	$P=R_1×0.5+R_2×0.5$，$R_1=$当月按时完工品种数/计划品种数×100%，$R_2=$当月按时完成品种数/计划品种数×100%	生产报表反订单考核办法	计划部	X=权重×系数L_0系数L对应累计同比增长率P的分段系数，最大1.6，最小0.4	95%
2	人均外部收入（含劳务收入）		15%	万元/年	P=实际累计收入/预算月均累计收入×100%	销售收入明细表	财务部	X=权重×系数L_0系数L对应累计同比增长率P的分段系数，最大1.6，最小0.4	180
3	成本	月成本下降金额	15%	万元	P=当月实际成本下降金额/当月计划成本下降金额×100%，月度降成本措施评审结果	财务报表统计报表	财务部	X=权重×系数L_0系数L对应P的分段系数，最大1.6，最小0.4	40
4	人均劳动效益	人均劳动效率达成率（按产值）	20%	万元/人	P=R实际值（R目标值×100%，R目标值=7.5万元/人，R=滚动工业产值/滚动平均在岗人数	质量报表	质量部	X=权重×系数L_0系数L对应P的分段系数，最大1.6，最小0.4	7.1
5	服务满意度	当月服务满意度	10%	%	P=当月服务点评价分/基准分×100%	满意度调查表	质量部	X=权重×系数L_0L对应P的分段系数，最大1.6，最小0.4	85%
6	加工总成配件交验PPM值	产成品交验PPM值	10%	PPM	P=1-（R实际值/R目标值-1），R=成检不合格数量/送检数量×1000000	质量报表	质量部	X=权重×系数L_0系数L对应累计同比增长率P的分段系数，最大1.6，最小0.4	8000
7	刀具、夹具、量具检测的合格率（刀具修磨的合格次数、新刀具以试车合格为主，夹具以加工出合格产品为主，量具以计量合格为主）		10%	%	P=刀具、夹具、量具检测的合格数量/刀具、夹具、量具检测的检测数量×100%	质量报表	质量部	X=权重×系数L_0系数L对应累计同比增长率P的分段系数，最大1.6，最小0.4	98%

12.3 技术部门的KPI考核表
（研发部、工程部）

研发部的KPI表，见表12.9。

工程部的KPI表，见表12.10。

表12.9 研发部KPI表

序号	考核项目	KPI	权重	单位	指标定义	评价方法	数据来源	计分规则	目标值
1	新品开发计划实施		25%	%	P=三个月滚动实施项数/滚动确认计划项数×100%，A类重点研发项目完成系数3，B类项目完成系数2，C类项目完成系数1		战略投资部	X=权重+P/3%，X/权重最大1.6，最小0.4	95%
2	新产品销售收入		25%	万元,%	全公司新品销售收入预算达成率P=当月实际新品销售收入/当月预算新品销售收入×100%，新品占当期销售收入比率Q=当月实际新品销售收入/当月实际销售收入×100%，依据销售收入明细表和新品当期明细表分部门核算的新品销售收入	销售收入明细表、新产品明细表	战略投资部	X=权重×L_1×L_2，L_1×L_2最大1.6，最小0.4	P=2，Q=15%
3	设计降成本		20%	万元	P=当月实际设计成本下降金额/当月计划设计成本下降金额×100%，月度降成本措施评审结果	财务报表、统计报表	财务部	X=权重×系数L。L对应P的分段系数，L最大1.6，最小0.4	180
4	核心技术人员流失率		10%	%	P=三个月滚动累计离岗人数/三个月滚动平均在岗人数×100%	人力资源统计报表	内部用户	X=权重+P/5%，X/权重最大1.6，最小0.4	4%

表12.10 工程部KPI表

序号	考核项目	KPI	权重	单位	指标定义	评价方法	数据来源	计分规则	目标值
1	服务满意度	当月服务满意度	10%	%	P=当月服务点评价分/基准分×100%	满意度调查表		X=权重×系数L。L对应P的分段系数,最大1.6,最小0.4	80%
2	设计成本下降率		20%	万元	P=当月实际设计成本下降金额/当月计划设计成本下降金额×100%	财务报表、统计报表	财务部	X=权重×系数L。L对应P的分段系数,最大1.6,最小0.4	180
3	工艺改进、新工艺应用计划完成率		10%	%	P=当月实际数/当月计划数×100%		主管领导、质量部、内部用户	X=权重+P/3%,X/权重最大1.6,最小0.4	
4	核心技术人员流失率		10%	%	P=三个月滚动累计离岗人数/三个月滚动平均在岗人数×100%	人力资源统计报表	内部用户	X=权重+P/5%,X/权重最大1.6,最小0.4	4%
5	每月提交工艺纪律检查实施计划和总结		10%		每月提交工艺纪律检查计划、实施及完成情况,主管领导给予评价		主管领导		良
6	刀具、量具设计质量、进度		10%		每月提交刀具、量具设计计划、跟进及完成情况,对设计质量进行概括,主管领导给予评价		主管领导		良

12.4 供应链部门的KPI考核表
(计划部、采购部、质量部)

计划部的KPI表,见表12.11。

采购部的KPI表,见表12.12。

质量部的KPI表,见表12.13。

表12.11 计划部KPI表

序号	考核项目	KPI	权重	单位	指标定义	评价方法	数据来源	计分规则	目标值
1	进度	商用车计划完成率	15%	%	累计同比增长率P=（当年分月累计入库产值/上年分月累计产值-1）×100%	统计报表	销售部	X=权重×系数L。系数L对应累计同比增长率P的分段系数，最大1.6，最小0.4	8%
2	质量	商用车预算计划完成率与周完美订单率	15%	%	Q=当年分月实际入库产值/当年分月入库产值预算×100%。R=∑当月每周完美订单率/当月周数×100%，当周完成数量偏差小于5%的品种数/计划应完成的品种数量×100%	统计报表	销售部	X=权重×系数L_1×系数L_2。L_1对应预算计划达成率Q的分段系数，L_2对应完美订单率R的分段系数。$L_1×L_2$最大1.6，最小0.4	Q=100%，R=70%
3	成本	月成本下降金额	20%	万元	P=当月实际成本下降金额/当月计划成本下降金额×100%，月度降成本措施评审结果	财务报表、统计报表	财务部	X=权重×系数L。系数L对应累计同比增长率P的分段系数，最大1.6，最小0.4	919
4	存货周转率	存货定额完成率	15%	次/年	P=当月实际存货/当月存货定额×100%，存货定额为财务部制定的理想库存	月盘点表	财务部	X=权重×系数L。系数L对应累计同比增长率P的分段系数，最大1.6，最小0.4	7
5		产成品交验PPM值	15%	PPM	P=1-（R实际值/目标值-1），R=成检不合格数量/送检数量×1000000	质量报表	质量部	X=权重×系数L。系数L对应累计同比增长率P的分段系数，最大1.6，最小0.4	9500

表12.12 采购部KPI表

序号	考核项目	KPI	权重	单位	指标定义	评价方法	数据来源	计分规则	目标值
1	结果评价	当月采购完美订单率	20%	%	P=当月按时采购回品种数/计划品种数×100%（钢材、包装采购及供坯完美订单率）	生产报表及订单考核办法	计划部	X=权重×系数L。L对应P的分段系数，L最大1.6，最小0.4	95%
2	结果评价	当月采购成本下降金额	20%	万元	P=R实际值/R目标值×100%，R=（当年采购价格-上年实际采购均价）×采购量	财务报表、统计报表	财务部	X=权重×系数L。L对应P的分段系数，L最大1.6，最小0.4	2683
3	过程评价	当期原材料周转率	10%	次/年	P=R实际值/R目标值×100%，R=季度原材料入库成本/（期初存量+期末存量）×2×12	月盘点表	财务部	X=权重×系数L。L对应P的分段系数，L最大1.6，最小0.4	14.3
4	过程评价	钢材进厂合格率	10%	%	P=钢材进厂合格批次/钢材进厂总批次×100%	质量报表	质量部	X=权重×系数L。L对应P的分段系数，L最大1.6，最小0.4	99%
5	过程评价	外购件进厂合格率	10%	%	P=外购件进厂合格批次/外购件进厂总批次×100%	质量报表	质量部	X=权重×系数L。L对应P的分段系数，L最大1.6，最小0.4	90%
6	服务满意度	当月服务满意度	10%	%	P=当月服务点评价分/基准分×100%	满意度调查表		X=权重×系数L。L对应P的分段系数，最大1.6，最小0.4	80%

表12.13 质量部KPI表

序号	考核项目	KPI	权重	单位	指标定义	评价方法	数据来源	计分规则	目标值
1	质量损失率	当月内部质量废损率	15%		P=内部质量损失金额/锻造A车间产值	质量报表、生产产值报表	质量部	X=权重×系数L。L对应P的分段系数，L最大1.6，最小0.4	2%

续表

序号	考核项目	KPI	权重	单位	指标定义	评价方法	数据来源	计分规则	目标值
2	客户质量反馈封闭机制执行及质量责任落实率、提交问题汇总及关闭报告	偏差率	15%		P=（当月实际完成项数/当月计划项数−100%）/100%		总经理、营销总监	X=权重+P/5%，X/权重最大1.6，最小0.4	100%
3	质量提升、降低质量损失项目完成率		20%		P=当月降低质量损失项目完成值/当月降低质量损失项目预算×100%	质量报表	质量部	X=权重×系数L。L对应P的分段系数，L最大1.6，最小0.4	90%
4	零部件B产品交付后PPM值	当月零部件B产品交付后PPM值	10%	PPM	P=1−（R实际值/R目标值−1），R=交付到用户的不合格品数量/发货总数量×1000000	质量报表	质量部	X=权重×系数L。L对应P的分段系数，L最大1.6，最小0.4	1500
5	服务满意度	当月服务点满意度	10%	%	P=当月服务点评价分/基准分×100%	满意度调查表		X=权重×系数L。L对应P的分段系数，最大1.6，最小0.4	80%
6	每月对实物质量（标杆、竞争对手）指标进行分析、每月有内部实物质量提升计划及措施		10%		用数据分析焦点问题，改善思路，制订工作实施计划	主管领导评价：优；良；中；一般；差	总经理、主管领导	X=权重×系数L。L对应P的分段系数，最大1.6，最小0.4	中

12.5　职能部门的KPI考核表
（办公室、财务部、人力资源部）

办公室的KPI表，见表12.14。

财务部的KPI表，见表12.15。

人力资源部的KPI表，见12.16。

表12.14 办公室KPI表

序号	考核项目	KPI	权重	单位	指标定义	评价方法	数据来源	计分规则	目标值
1	服务满意度	当月服务满意度	25%	%	P=当月服务点评价分/基准分×100%	满意度调查表		X=权重×系数L。L对应P的分段系数，最大1.6，最小0.4	80%
2	每月提交管理审计报告		20%		用数据分析焦点问题，改善思路，制订工作实施计划，所提建议被公司或部门采纳+2分/项	主管领导评价：优；良；中；一般；差	总经理、主管领导	X=权重×系数L。L对应P的分段系数，最大1.6，最小0.4	中
3	每月提交绩效管理分析及考核失效指标分析报告		15%		用数据分析焦点问题，改善思路，制订工作实施计划，被相关部门采纳+2分/每部门	主管领导评价：优；良；中；一般；差	总经理、主管领导	X=权重×系数L。L对应P的分段系数，最大1.6，最小0.4	良
4	纠偏完成率		10%		P=当期纠偏完成项/当期纠偏计划项×100%		内部用户	X=权重×系数L。L对应P的分段系数，最大1.6，最小0.4	90%
5	部门费用完成率		10%		P=1−(R实际值/R目标值−1)，R=(实际费用/实际收入−预算费用/预算收入)/(预算费用/预算收入)×100%	财务报表，统计报表	财务部	X=权重×系数L。L对应P的分段系数，最大1.6，最小0.4	0.66%

表 12.15 财务部 KPI 表

序号	考核项目	KPI	权重	单位	指标定义	评价方法	数据来源	计分规则	目标值
1	降成本	成本下降预算达成率	20%	万元	P=（当年分月实际成本下降金额－当年分月预算成本下降金额）/当年分月预算成本下降金额×100%	财务报表、统计报表	财务部	X=权重×系数L。L对应P的分段系数，最大1.6，最小0.4	4440
2	三项费用执行情况	当月三项费用率	20%	%	P=当月实际三项费用率/当期预算三项费用率×100%，三项费用：管理费用、营业费用、财务费用	费用报表	主管领导	X=权重×系数L。L对应P的分段系数，最大1.6，最小0.4	15%
3	全面预算前五项纠偏措施完成情况	预算纠偏措施完成率	20%	%	P=当期实际纠偏措施数/当期计划纠偏措施数×100%	财务报表、统计报表	财务部	X=权重×系数L。L对应P的分段系数，最大1.6，最小0.4	90%
4	服务满意度	当月服务满意度	10%	%	P=当月服务点评价分基准分×100%	满意度调查表	主管领导	X=权重×系数L。L对应P的分段系数，最大1.6，最小0.4	80%

表 12.16 人力资源部 KPI 表

序号	考核项目	KPI	权重	单位	指标定义	评价方法	数据来源	计分规则	目标值
1	服务满意度	当月服务满意度	25%	%	P=当月服务点评价分/基准分×100%	满意度调查表		X=权重×系数L。L对应P的分段系数,最大1.6,最小0.4	80%
2	培训计划完成率	当月培训计划完成率	10%	%	P=(当月实际培训项数-当月计划培训项数)/当月计划培训项数×100%	年度培训计划、月度培训计划	内部用户	X=权重+P3%, X/权重最大1.6,最小0.4	100%
3	关键员工流失率	核心员工流失率与技术员工流失率	10%	%	P=核心员工离职数×核心员工平均在岗位人数×100%, Q=技术人员离职人数×技术人员平均在岗人数×100%, 口径：三个月滚动累计离岗人数/三个月滚动平均在岗人数	人力资源统计表	内部用户	X=权重+P5%+Q/5%, X/权重最大1.6,最小0.4	P=1.5%, Q=4%
4	人均劳动效益	人均劳动效率达成率	20%	万元/人	P=R实际值/R目标值×100%, R目标值=7.5万元/人, R=滚动工业增加值/滚动平均在岗人数				7.5
5	人工分析报告	每月提交1份人工分析报告	15%	分	用数据分析焦点问题,改善思路,制订工作实施计划	主管领导评价：优、良、中、一般、差	总经理、主管领导	X=权重×系数L。L对应P的分段系数,最大1.6,最小0.4	中

解读笔记

指标定义界定清晰规范，例如，销售费用率 $P=1-(R实际值/R目标值-1)$，$R=(实际费用/实际收入-预算费用/预算收入)/(预算费用/预算收入)\times 100\%$。

销售费用率P如何计算考核分？本项考核分 $X=$ 权重 $\times$ 系数L，L对应P的分段系数，最大1.6，最小0.4。注意：此处，P无法直接计算考核分X，而是要通过P转换为对应的系数L，L是分段的，有上限和下限值。在0.4～1.6之间如何分段，读者可自己细化。

第13章 员工绩效考核办法

（合资手机厂家绩效管理案例解读）

本章介绍某合资手机厂家的员工绩效管理办法、模范班组的评定、拉长的考核、生产线员工考评扣分细则。

13.1 员工绩效考核办法
（合资手机厂家绩效管理案例解读一）

合资手机厂家的员工绩效考核办法，由总则、考核细则、考核与薪资挂钩三部分组成。考核细则分两类人员：行政与技术人员考核、工人考核。行政与技术人员考核又细分为：公司考核、部门考核、员工考核。考核与薪资挂钩分为：考核与变动工资、考核与技能工资。考核与变动工资包括三类人员：技术员、处长、工人和拉长。考核与技能工资挂钩包括两类人员：行政、技术人员及处长、工人及拉长。

§13.1.1 总则

总则简要说明了目的、原则、适用范围、考核依据、员工考核类型、考核方责任、考核周期、申述、结果应用。

1. 目的

合资公司绩效考核制度建立的目的，旨在提供一个全面而易于操作的工具，帮助上下级及同级之间能够进行有效的沟通，并且能有效地将员工业绩与公司整体目标与战略的实现相互联系起来，促进公司与员工共同目标的顺利达成。

2. 考核的原则

①公正、公平原则；②量化评价原则；③分层分类、逐级考核原则；④考核结果与奖惩任用相结合原则。

3. 适用范围

本制度适用于合资公司各类行政技术人员及工人。研发人员的绩效考核方案另行制定。

4. 考核依据

主要来源于反映考核者工作完成情况的各类数据、报表以及上级领导和相关人员的评价。

5. 员工考核主要分为以下几类

转正定级考核、行政及技术人员考核、处长考核、工人考核、员工年终考核。

6. 考核时间按照考核类型分为以下几种

（1）公司考核：每月进行。

（2）部门考核：每月进行。

（3）员工考核：处长、技术员及以下人员，每季度考核一次；部门经理为年度考核。

7. 考核各方的责任

（1）人力资源部门在绩效管理方面负有以下责任：①制定绩效管理的相关制度，并负责组织实施。②提供与绩效管理相关的参考资料、表格，开展培训与咨询。③确保绩效管理符合法律要求及绩效考核结果的应用符合公司的有关规定。④处理员工在绩效考核方面的申诉。⑤将绩效管理结果应用到人力资源管理的各个环节中去。

（2）各级主管、部门经理在绩效管理方面负有以下责任：①根据公司战略、经营目标和部门计划与员工一起确定绩效目标，并签订《员工业绩考核表》；②通过收集员工绩效信息、双向沟通及行为纠偏、实施员工发展计划等途径，确保员工绩效目标的完成。③按时、客观、公正地对员工绩效进行评价，并与员工进行沟通。④根据考核结果，提出对员工的奖惩和使用建议。

（3）员工在绩效管理方面负有以下责任：①与主管经理共同制定个人绩效目标及员工发展计划。②在客观条件发生变化的情况下，与主管经理共同研究调整绩效目标。③执行绩效协议与员工发展计划，填写《员工业绩考核》表，及时提交绩效完成情况。④积极、努力、创造性地开展工作，保证绩效目标按期、高质量地完成。

（4）高层领导的责任：①领导和监督各级部门经理有效进行绩效管理，使考核系统得到有效实施、运行、完善。②制定公司战略和计划，把战略和计划落实到各部门。③对重大制度、发生的纠纷进行最后裁定。

8. 申诉

各类考核结束后考核者应同被考核者面谈，进行绩效沟通。如果双方对考核结果有异议且在沟通后不能达成统一意见的，或者被考核者认为考核程序存在不当均可以按照以下程序提出申诉：

（1）员工本人在考核结束后5天内向其上级领导和人力资源部递交"申诉报告"；

（2）收到申诉报告的部门或领导应积极同有关部门沟通，调查事件原委，

并形成"调查报告";

（3）申诉的最后处理意见应在接到申诉报告7日内由人力资源部和员工的上上级领导共同做出，并将《员工申诉处理意见表》反馈给员工本人。

9.考核结果主要直接应用于以下几个方面

（1）作为变动工资系数调整的主要依据；

（2）依据考核结果制订培训计划和进行培训改进；

（3）作为职位晋升（降）和岗位调配的依据；

（4）以此为依据帮助员工制定职业生涯发展计划。

§13.1.2　技术行政人员的考核细则

技术行政人员分为公司考核、部门考核和员工考核三个层面进行。这三方面的考核分决定员工的变动工资水平。

对整个公司层面的考核用三个指标衡量：生产率、产能利用率和OQL系数（注：OQL是outgoing quality level的英文缩写，出厂质量率），其变动情况将与全体员工的奖金挂钩。

员工考核的组成分为两方面：客观地反映员工主要工作成绩的业绩考核、反映员工工作态度等主观性较强的表现考核。见表13.1。

表13.1　员工考核的组成

组成	权重	考核内容	数据来源
业绩考核	80%	可以用事先设定的考核指标和考核项目来衡量的当期工作成绩	各类考核表格、相关数据报表、相关人员的评价
表现考核	20%	不易量化的、属于以主观判断为主的工作态度、工作表现	主要是直接上级打分

§13.1.3　工人的考核细则

工人考核分为模范班组评选和工人季度考核；模范班组评选每月进行、拉长实行季度考核。

1.员工转正定级考核程序

（1）员工在试用期期间按照要求每月填写《员工业绩考核表》，在试用期结束时填写《新员工转正申请表》；

（2）直接上级在试用期结束时根据《员工业绩考核表》成绩并结合公司现行的工资制度，核定员工转正后的技能工资和奖金系数；

（3）直接上级领导将以上所有材料报上级领导审批，批准后报人力资源部核准，若无异议，员工正式转正。

2.员工季度考核程序

（1）绩效计划及目标设定

① 直接上级将考核表发给员工自己填写，员工按照《考核表填写指南》填写员工绩效考核表。

② 上级回收所有考核表，参阅《考核表填写指南》，对所有下级的工作量、难度进行评估和平衡调整。

③ 上级找员工一个个面谈、协商，对考核表各项内容进行修正和调整、补充。

④ 双方签字后各执一份，以增强责任感。

（2）绩效强化与指导

① 参照《员工绩效考核表》，对员工进行经常性指导。

② 对员工的任务完成情况经常做记录，（上下级双方）收集相关数据，作为将来考核打分的依据。

③ 每月底，上级根据每位员工本月的任务执行情况和下属进行绩效面谈并填写《绩效面谈记录表》。

（3）绩效评估与反馈

① 考核双方在开始进行面谈时，考核者应向被考核者陈述公司的相关考核制度、准确地说明绩效面谈的目的，要求被考核者要严肃对待，以保证面谈

目的的顺利实现。

② 要求下属简要地汇报考核期间的工作计划及目标的完成情况，客观地对自己做出评价并就评分依据做出说明。

③ 考核者对下属的评估要注意倾听，对不清楚的地方要及时澄清，并鼓励和引导下属尽可能全面、客观地陈述事实，对于带有感情色彩的陈述应加以区分。

④ 考核者应将考核结果告知其下属，并要注意以下几点：简明扼要，不要模棱两可；定量分析与定性分析并重；暂时不要过多解释说明；应根据事先设定的目标和绩效标准来进行评价。

⑤ 面谈双方对存在分歧的方面应重点商讨，在商讨中应本着对事不对人、相互信任、相互体谅、关注未来成长的原则进行，力求达成一致。（如经沟通后仍不能达成一致，员工可以向有关部门申诉。）

（4）绩效改进

双方探讨绩效中潜在的可以改进之处，共同确定需要改进的行为、所需的知识或技能以及需要的资源支持，在此基础上制订出下一阶段改善绩效的计划，包括培训、辅导等。

§13.1.4　考核与变动薪资挂钩

分别包括行政人员、处长、工人和拉长三类的考核与变动薪资挂钩。

1.行政技术人员的考核与变动薪资挂钩

变动工资＝部门变动工资＋个人变动工资。

第一步，部门变动工资的计算：部门变动工资＝岗位奖金系数×部门考核系数×公司基数。其中，岗位奖金系数随岗位性质而定，处长=0.7，技术员=0.6，职员=0.5或0.3；部门考核系数是部门参与考核的结果；公司基数是公司层面考核的结果，全公司统一的基数＝产能利用率×生产率×

$(1-OQL)^2 \times 1100$。注意：$(1-OQL)^2 = (1-OQL) \times (1-OQL)$。

第二步，个人变动工资的计算：个人变动工资＝个人奖金基数×个人考核系数。其中，个人奖金基数根据岗位性质确定，处长＝700元，技术员＝600元，职员＝400元；个人考核系数：由个人考核分数转化而来。

第三步，考核分数与系数转换：考核得分＝业绩考核得分×80%+表现考核得分×20%。

第四步，考核对象分组：为了便于考核，考核前被考核者将会被分为若干个小组，分组的主要原则是小组员工属于同一直接上级；个人考核系数＝个人分数/所在组平均分数。

第五步，将个人考核系数与奖金相挂钩。

部门文员仅进行表现考核。行政及技术人员的考核按季度进行，考核结果将作为调整下一季度个人考核系数的基础。

2. 处长的考核与变动薪资挂钩

处长的考核等级为A、B、C时，个人考核系数分别为1.1、1.0、0.8。见表13.2。

表13.2　处长的个人考核系数

	A	B or C
考核比例	≤50%	≥50%
个人考核系数	1.1	1.0 或 0.8 1.0 or 0.8

考核等级考核标准如下。

A——超过预期地达成工作目标，或进行了创造性的工作，或有具体行为证明在工作中表现十分出色。

B——全面达成工作目标，或基本达成工作目标并进行了部分超越性的工作。

C——基本达成工作目标，但有所不足，或在工作中出现明显失误，造成一定损失。

说明：各部门全年被考核为A的处长人（次）数不得超过全年总考核人次数的50%。例如，部门有3个处长，全年共考核4次，则被评为A的次数不得超过3×4×50%=6次（人）。

3.工人和拉长的考核与变动薪资挂钩

工人、拉长季度考核按季度进行，考核结束后一次性发放季度绩效奖金，具体内容如下。

季度绩效奖金=绩效奖金基数×绩效奖金系数。其中，绩效奖金基数=700元/月；绩效奖金系数，见表13.3。

表13.3　绩效奖金系数

考核等级	A	B	C	D
季度绩效奖金系数	0.7	0.5	0	辞退
分布比例	≤10%	≤20%	68%	≥2%

其中有扣分记录的人员比例不得超过获得绩效奖金人员总数的2%。

§13.1.5　考核与技能工资挂钩

行政、技术人员、处长的技能工资调整规定如下。

根据前两季度的考核成绩调整，每半年调整一次。见表13.4。

表13.4　行政、技术人员、处长的考核等级

考核等级	A	B	C
技能工资调整	上升2～3档	上升1档	0
分布比例	≤5%	≤25%	≥70%

说明：对于在调整技能工资之前没有按照人力资源部要求完成绩效面谈的处长，将暂缓调整。

工人及拉长的技能工资调整规定：根据考核成绩，30%的人员奖金系数可以上调一档，每半年调整一次。

> **解读笔记**
>
> 本方案作为员工绩效考核办法，制度文案的结构基本覆盖了通用的员工绩效管理办法的组成。但由于是工厂，除行政技术人员外，也包括了工人考核的规定。考核对薪资的影响，除了变动工资（也就是绩效工资、奖金），还与技能工资挂钩。

13.2　模范班组的评定
（合资手机厂家的绩效考核案例解读二）

本节讲述合资手机厂家的工厂模范班组评定方案。包括参评人员范围、评比周期、班组考核指标选取（两类生产线划分）、班组考核分计算、数据来源、奖励方案、颁奖形式等要点。

§13.2.1　参评人员范围、评比周期

模范班组的参评人员范围以班组为单位，包括该班组的工人和拉长、OQC（出货检验）人员。本月出勤未满应出勤天数一半的班组和个人，取消参加评选资格。

评比周期是每月评比出装配线（前四名）、SMT和成型线综合得分前三名，并公布获奖班组、人员名单和各班组的排名次序。装配线由于班组较多，特评比前四名。

注：SMT是 Surface Mounted Technology 的缩写"表面组装技术"，是电子组装行业里流行的一种技术和工艺。

§13.2.2 班组考核细则

模范班组的考核细则包括指标选取、两类生产线、考核分计算、数据来源。

1.班组考核指标选取

以各班组为单位进行评比，评比项目有7个，共100分：OQL（15分）、产量（30分）、AUDIT结果（10分）、人为故障（15分）、直通率（15分）、调整分（5分）、5S得分（15分）。

注：AUDIT评审法是一种新型质量检验方法，它是站在消费者的立场上，促使企业主动地去满足顾客需求，从而能够使企业在激烈的质量竞争中稳操胜券。AUDIT是德国的叫法，在美国叫CSA，在日本叫QLA。汽车行业率先使用了这种思想并取得了很大的成效。AUDIT是企业模拟用户对自己的产品质量进行内部监督的自觉行为，它适用于所有批量生产、质量稳定的产品。

（1）OQL

η=1/各产品上月直通率，如果为新机型，则为1.3。

OQL得分A的测算，见表13.5。

表13.5　OQL得分测算

OQL目标值a	本月OQL值b	直通率	产品难度系数η	X=a/b×η	A	A	A×A	类别
2.20%	2.34%	99.50%	1.0050	0.9449	0.972	0.972	0.9448	老机型
2.20%	2.34%	99.50%	1.3000	1.2222	1.105	1.105	1.2210	新机型

（2）人为故障率

说明：①没有人为故障，则该班当月得分为15分；②得分≥12分，则该班当月得分为12分；③9≤得分＜12分，则该班当月得分为9分；④6≤得分＜9分，则该班当月得分为6分；⑤得分＜6分，则该班当月得分为4分。

人为故障率得分测算，见表13.6。

P=各班人为故障/各班实际人为故障，Q=各班实际包装量/各班平均包装量。先计算得到P×Q，再用A×A倒推，调试得分A，使得A×A尽量接近P×Q。

根据A×7，可以手工计算得分，也可以用多重IF函数自动计算（在班组较多的情况下，有助于提高计算效率）。

假设在Excel表中，各班实际人为故障在B列2行，则第1种情况的多重IF函数计算得分的公式设置为：

M3=IF(B3=0,15,IF(K3>=12,12,IF(9<=K3<12,9,IF(6<=K3,6,4))))。

表13.6 人为故障率得分测算

各班平均人为故障	各班实际人为故障	P	各班实际包装量	各班平均包装量	Q	P×Q	A	A	A×A	A×7	手工计算得分	多重IF函数计算得分
5	0		1250	1305	0.9579	#DIV/0!			0.0000	0.00	15	15
5	1	5.0000	1250	1305	0.9579	4.7893	2.188	2.188	4.7873	33.51	12	12
5	2	2.5000	1250	1305	0.9579	2.3946	1.548	1.548	2.3963	16.77	12	12
5	3	1.6667	1250	1305	0.9579	1.5964	1.263	1.263	1.5952	11.17	9	6
5	4	1.2500	1250	1305	0.9579	1.1973	1.094	1.094	1.1968	8.38	6	6
5	5	1.0000	1250	1700	0.7353	0.7353	0.857	0.857	0.7344	5.14	4	4

（3）产量

得分＝本月实际生产量/本月计划生产量

（4）AUDIT结果

得分＝本月AUDIT结果的折算平均值/AUDIT目标折算值。AUDIT目标折算值＝80。

折算平均值＝（∑日审×系数X+∑月审×5+∑专审×5）/（日审次数＋月审次数×5+专审次数×5）。系数X指当天天气的权重：晴＝1.0，多云＝0.9，雨＝0.7，闪电＝0.5。

（5）直通率

得分＝本月直通率/上月直通率。

直通率测算，见表13.7。直通率目标值倒推各工序通过率的测算，见表13.8。

表13.7　直通率得分测算

工序通过率	工序1 P1	工序2 P2	工序3 P3	工序4 P4	工序5 P5	直通率 P=P1×P2×P3×P4×P5
情况1	0.99	0.99	0.99	0.99	0.99	0.9510
情况2	0.98	0.98	0.98	0.98	0.98	0.9039
情况3	0.97	0.97	0.97	0.97	0.97	0.8587
情况4	0.96	0.96	0.96	0.96	0.96	0.8154
情况5	0.95	0.95	0.95	0.95	0.95	0.7738

表13.8　直通率倒推各工序通过率测算

工序通过率	工序1 P1	工序2 P2	工序3 P3	工序4 P4	工序5 P5	直通率 P=P1×P2×P3×P4×P5	直通率目标值
情况1	99.799%	99.799%	99.799%	99.799%	99.799%	98.999%	99.000%
情况2	99.597%	99.597%	99.597%	99.597%	99.597%	98.001%	98.000%
情况3	98.979%	98.979%	98.979%	98.979%	98.979%	94.998%	95.000%

根据直通率目标值，调试P1（P2、P3、P4、P5=P1），使得直通率P尽量接近直通率目标值。

当直通率目标值=99.000%时，5个工序的通过率平均=99.799%。

（6）抛料率

得分=实际抛料率/标准抛料率。其中，抛料率=（实际发料数－理论用料数－实际剩余材料数）/（实际发料数－实际剩余材料数）。

抛料率测算，见表13.9。

表13.9　抛料率得分测算

实际发料数A	理论用料数B	实际剩余材料数C	A－B－C	A－C	X=(A－B－C)/(A－C)
12000	10000	1800	200	10200	1.96%

（7）调整分

评估委员会对各个班组进行主观评分。（评估委员会包括SMT工艺、装配工艺、主板装配及SMT设备）。评估委员会可依据各班组的平时表现，给予5

分的调整。班组考核还可以考虑增加5S现场的考核指标。

2. 两类生产线班组的考核指标、权重

装配线班组的考核指标、权重，见表13.10。

SMT线班组的考核指标、权重，见表13.11。

表13.10　装配线班组的考核指标、权重

	考核指标	权重
1	OQL达成率	15
2	人为故障率	15
3	产量	30
4	AUDIT结果	10
5	直通率	15
6	5S	15
7	调整分	
	合计	100

表13.11　SMT线班组的考核指标、权重

	考核指标	权重
1	OQL达成率	10
2	产量	35
3	AUDIT	15
4	直通率	15
5	抛料率	10
6	5S	15
7	调整分	
	合计	100

3. 班组考核分计算

考核分 = $\sum$ 得分 × 权重 + 调整分。

4. 数据来源

产量、产品难度系数、抛料率以及5S的数据由产品制造部提供；OQL与AUDIT、人为故障率的数据由质量管理部提供；调整分由涉及的相关部门提供。

§13.2.3　奖励方案与发奖形式

奖励规则：获得冠军的班组，该班组所有人员奖励100元。获得亚军的班组，该班组所有人员奖励80元。获得季军的班组，该班组所有人员奖励50元。

颁奖方式：每次评比的结果，由生产车间汇总各项数据，统计出各班组的综合得分，确定获奖人员名单，并上报获奖生产线及人员名单，经批准后举行颁奖仪式，由相关领导颁发各奖项奖金。

在公告栏张贴评比结果和获奖人员名单,同时公布各班组的总体排名情况,起到广泛宣传优秀班组、鼓励其他班组向获奖班组学习的目的。

> **解读笔记**
>
> 合资公司的管理制度夹杂的英文缩写需要掌握:OQC出货检验、SMT表面组装技术、OQL出厂质量率、AUDIT(奥迪特)用户质量审核。
>
> 部分指标的计算公式很复杂,用到了开根号,比如:OQL、人为故障。
>
> 产品难度系数η与直通率的关系:产品难度系数η=1/各产品上月直通率。
>
> 直通率是各道工序的质量检验通过率的乘积,当5个工序的通过率=0.95时,直通率只有0.7738。

13.3 拉长的考核
(合资手机厂家的绩效考核案例解读三)

在国企、民企的工厂,车间主任下面的职位,通常叫班组长(班长、组长)、工段长。可是在合资企业,有的叫拉长。

什么是拉长?360百科的定义是:拉长是生产线上的一个职位,生产线在工厂里面称为"拉",每条"拉"都有人负责,负责的就称"拉长"。拉,可理解为生产线"line"的音译。在杭州某民企,也听过"线长"的叫法,初次听到不习惯。

本节就介绍拉长的考核,包括装配线、SMT线。在合资企业里,专业术语的英文缩写比较多。本方案包括拉长考核指标选取、两类拉长、数据来源、考核分计算、奖金计算。

§13.3.1 拉长考核（两类拉长）

拉长考核包括考核指标选取、两类拉长的考核指标和权重、数据来源、考核分计算。

1.拉长考核指标选取

（1）产量

得分=本月实际产量/本月计划产量。

（2）OQL达成率

得分=OQL的目标值/本月的OQL值。

（3）AUDIT合格率

得分=本月AUDIT结果的折算平均值/AUDIT目标折算值。AUDIT目标折算值=80。

折算平均值=（∑日审×系数X+∑月审×5+∑专审×5）/（日审次数+月审次数×5+专审次数×5）。系数X指当天天气的权重：晴=1.0，多云=0.9，雨=0.7，闪电=0.5。

测算如下。

日审得分测算，见表13.12。

月审得分测算，见表13.13。

专审得分测算，见表13.14。

本月AUDIT折算平均值=78.1，见表13.15。

AUDIT合格率得分=78.1/80=98%。

表13.12 日审得分测算

日期	1	2	3	4	5	6	7	8	9	10	11	12	13	14
天气	晴	晴	晴	多云	晴			晴	晴	晴	多云	多云		
系数X	1.0	1.0	1.0	0.9	1.0			1.0	1.0	1.0	0.9	0.9		
日审得分	80	80	80	80	84			80	80	80	80	80		
日审得分×系数X	80.0	80.0	80.0	72.0	84.0			80.0	80.0	80.0	72.0	72.0		

续表

日期	15	16	17	18	19	20	21	22	23	24	25	26	27	28	29	30	31	合计
天气	晴	雷电	晴	雨	雨			雨	晴	晴	多云	多云			晴	晴	晴	
系数X	1.0	0.5	1.0	0.7	0.7			0.7	1.0	1.0	0.9	0.9			1.0	1.0	1.0	
日审得分	80	80	86	80	80			90	80	80	80	90			80	80	80	
日审得分×系数X	80.0	40.0	86.0	56.0	56.0			63.0	80.0	80.0	72.0	81.0			80.0	80.0	80.0	1714.0

表 13.13　月审得分测算

月审核得分	85.0

表 13.14　专审得分测算

	第 1 次	第 2 次	第 3 次	合计
专审得分	83.0	82.0	79.0	244.0

表 13.15　折算平均值

	次数	合计	倍数	合计×倍数	次数×倍数	折算平均值
日审	23	1714.0	1	1714	23	
月审	1	85.0	5	425	5	
专审	3	244.0	5	1220	15	
求和				3359	43	78.1

（4）人为故障率

p = 人均人为故障率/实际人为故障率；q = 本月实际生产量/本月计划生产量。如果本班当月无人为故障，则为 10 分；如果该值 ≥ 8，则取 8。

测算如下。

人为故障率测算，见表 13.16。

表 13.16　人为故障率测算

人均人为故障率	实际人为故障率	p	本月实际生产量	本月计划生产量	q	p×q×5	A	A	A×A
1.21%	1.34%	0.016214%	1200	1000	1200000	972.84	31.18	31.18	972.19
1.21%	1.19%	0.014399%	1200	1000	1200000	863.94	29.39	29.39	863.77

情况1，p×q×5=972.84，开方，用A×A倒推计算，得到A=31.18。

情况2，p×q×5=863.94，开方，用A×A倒推计算，得到A=25.39。

（5）Unit time

得分=标准值/（每班实际上班人数×上班时间/当班产量）。Unit time是指单位时间，也叫工时。

Unit time得分测算，见表13.17。

表13.17　Unit time得分测算

每天实际上班人数	上班时间	当班产量	实际值	标准值	得分
15	8	100	1.2	1.3	1.08
15	8	120	1	2.3	2.30
16	7	115	0.97	3.3	3.39

（6）岗位考核

得分=生产线日检表每月平均分×5%+5S检查结果×10%。

（7）多技能加分

在一个月中每多生产一种机型，则可以额外增加1分，每月最多增加5分。

（8）调整分

班长、车间主管根据被考核者情况每月进行打分，最高10分。

SMT工艺、装配工艺、主板装配及SMT设备处每月对拉长绩效情况给予打分，最高5分。

（9）责任事故否决分

① 凡因拉长管理不力等原因引起的重大质量事故、生产事故，每发生一次，直接在月度考核分中扣减10分；

② 凡因拉长管理不力等原因引起的一般质量事故、生产事故，每发生一次，直接在月度考核分中扣减5分；

③ 对于重大责任事故由车间主管报部门经理认定，一般责任事故由车间主管认定；

④ 凡技术员及处长对工人进行的扣分，该工人的当班拉长将被扣掉相应分数的1/4。

2. 两类拉长的考核指标、权重

生产线有两条：装配线（含成型线）、SMT线。SMT线拉长不考核人为故障率。装配线拉长、SMT线拉长的考核指标、权重，见表13.18、表13.19。

表13.18　装配线拉长的考核指标、权重

绩效指标	权重
产量完成率	25
OQL达成率	10
AUDIT合格率	10
人为故障率	10
Unit time	10
岗位考核分	15
多技能加分	5
调整分	15
责任事故否决分	
合计	100

表13.19　SMT线拉长的考核指标、权重

绩效指标	权重
产量完成率	30
OQL达成率	10
AUDIT合格率	10
Unit time	10
岗位考核分	20
多技能加分	5
调整分	15
责任事故否决分	
合计	100

3. 数据来源

产量完成率：实际产量由各班拉长提供，计划产量来源于每日生产计划。计划量按当班实际生产时间衡量。

OQL达成率、AUDIT合格率、人为故障率：由质量部OQC（出货检验）提供。

Unit time：见Unit time报表。

岗位考核：日检表月汇总得分。

多技能、调整分、责任事故扣分：来源于车间主管、相关各处调整分汇总表。

4. 拉长考核分

拉长考核分=∑得分×权重分+岗位考核分+多技能分+调整分－责任事

故否决分。

装配线拉长考核分测算，见表13.20。

表13.20 装配线拉长考核分测算

	考核指标	权重	目标值	实际值	达成率	得分
1	产量完成率	25	1500	1550	1.03	25.83
2	OQL达成率	10	99	110.00	0.90	9.00
3	AUDIT合格率	10	80	78.12	0.98	9.76
4	人为故障率	10	1.21%	1.34%		31.18
5	Unit time	10	1.3	1.2	1.08	10.83
6	岗位考核分	15	100	95		14.25
7	多技能加分	5	5	6		6.00
8	调整分	15				13.50
9	责任事故否决分		0	1		−5.00
	合计	100				115.36

§13.3.2 拉长奖金计算

拉长季度考核按季度进行，考核结束后一次性发放季度绩效奖金。

拉长季度考核奖金＝奖金基数×奖励系数。其中，月奖金基数＝700元/月。奖励系数见表13.21。

表13.21 拉长季度考核等级、比例、奖金系数

考核等级	A	B	C	D
季度绩效奖金系数	0.7	0.5	0	撤职
分布比例	≤10%	≤20%	68%	≥2%

每个季度装配线（含成型线）和SMT线必须有2%的拉长季度考核为D，考核为D的拉长直接撤职，转为普通的操作工，技能工资及奖金系数按照操作工的岗位重新核定；原则上在转为操作工6个月内不得再次晋升为拉长。

拉长考核奖金测算，见表13.22。

表13.22 拉长考核奖金测算

	姓名	职位	生产线	考核分	考核等级	奖励系数	奖金基数	考核奖金
1		拉长	装配线	96	A	0.7	1200	840
2		拉长	装配线	94	B	0.5	1200	600
3		拉长	装配线	89	C	0	1200	0
4		拉长	装配线	88	C	0	1200	0
5		拉长	装配线	84	C	0	1200	0
6		拉长	SMT线	93	B	0.5	1400	700
7		拉长	SMT线	83	C	0	1400	0
8		拉长	SMT线	80	C	0	1400	0
9		拉长	SMT线	78	C	0	1400	0
10		拉长	SMT线	68	D	撤职	1400	

解读笔记

AUDIT折算平均值引用了天气对工作效率的影响，对天气进行系数折算很少见。可见，手机作为电子产品，其质量受到天气的影响。这正应了工业心理学的人—机器—环境的系统效率。

人为故障率：在一般的考核指标计分中，很少见到开根号。在Excel中用A×A多次调试数据，也能得到结果。

还有就是考虑了多技能加分，责任事故否决分的加分、否决分的设计。

合资企业的英文缩写：Unit time 工时。

13.4 积分制考核的变种，生产线员工考评扣分细则

（合资手机厂家的绩效考核案例解读四）

本节介绍合资手机厂家的生产线员工考评扣分细则，运用的是积分制考核

的方法，规定了哪些具体行为将被扣1分、2分、3分，包括对拉长的考评扣分，可操作性强。

本案介绍生产线员工扣评细则的框架，然后列举4个车间的细则（限于篇幅，只选取了生产线、装配车间、材料仓库、成品仓库，同时每个部门的细则只列举了一部分）。读者可重点参照其分类分级、扣分规则描述的方法，结合本企业实际进行完善。

§13.4.1　生产线员工考评细则的框架

生产线员工考评扣分细则的框架，包括考评方式、考评与绩效考核的关系、考核原则、考评扣分标准。

1.考评方式

（1）员工每季度有12分的考评原始分，下一个季度重新设定为12分。

（2）依据考评原则与考评扣分标准进行扣分，最小扣分单位为分。

（3）具体考评扣分标准由直接管理部门与各相关部门协商制定。

（4）各相关部门定期将扣分情况汇总给直接管理部门的处长。

（5）每周人力资源部将工人扣分汇总情况在宣传栏上公布一次。

（6）下班时，拉长应将当天扣分情况及原因告知所在线全体员工，必要时请员工本人出来向大家承诺今后不再犯。

（7）所有考评结果及时上报人力资源部，包括本周和累计扣分情况等。

2.考评与绩效考核

（1）工人季度内扣分总和超过12分（含）则辞退。

（2）拉长季度内扣分总和超过12分（含），则降职为工人或降为试用期或辞退。

（3）各月的扣分，作为月度奖金和季度绩效考核的依据之一。在月度奖金中，设立效率系数，原始效率系数为1，每扣一分则效率系数减少0.02，即所得奖金为：基数×奖金系数×效率系数。

（4）每季度考核结束，拉长按照3%的比例进行淘汰，工人按照2%的比例进行淘汰。

（5）每个工人、拉长的扣分全年累计超过22分（含）予以辞退，其所有的扣分将作为年终奖、年终技能工资和奖金的调整的依据。

（6）对于有打架斗殴、盗窃公司财物等恶劣行为者，直接予以辞退或开除；对于违反国家法律法规者，送交公安机关进行处理。

3.考评原则

（1）日常管理中，由直接上级考评，间接上级审批。

（2）工人由拉长、技术员（班长）、处长考评，依据考评扣分标准进行扣分。

（3）拉长由技术员（班长）、处长考评，检查小组依据考评扣分标准进行扣分。

（4）员工考评由行政上直接管理的部门负责，并制定相应的考评扣分标准。

（5）其他相关部门以定期将扣分情况汇总给行政管理部门处长的方式参与考评，与直接管理部门协商制定相应的考评扣分标准。

（6）工艺审核中，拉长由质量计划处进行考评；未及时对问题（拉长负责部分）进行改进的，每次扣1分。

（7）纠正改进报告处理中，所涉及的责任人员（拉长）由质量计划处进行考评，未及时进行纠正改进或未按期完成改进又没有说明原因的，每次依据报告类型扣1至3分。

4.考评扣分标准

（1）具体扣分标准依照各部门制定的员工考评扣分标准执行。

（2）考评扣分标准由各部门依据各自的实际情况制定，并报人力资源部批准、公告。

（3）其他相关部门可依据各自情况与直接管理部门协商，增加扣分条例，或协商制定相应的考评扣分标准。

（4）其他部门也可依照该制度制定本部门的员工考评扣分标准，由人力资源部附录在本制度后，并正式公布。

下面几节分别介绍生产线、装配车间、材料仓库、成品仓库的员工考评扣分标准。

§13.4.2　生产线员工考评扣分标准

凡在生产线发现员工有违规、违纪行为，可依据相关部门的考评扣分标准对当事人进行扣分，一般被进行扣分处理的事件不再转交相关部门进行重复扣分。

凡在生产线发现同一员工在同一周内因同一事由被再次扣分时，知会相关部门，由其决定是否进行再处理。

1. 生产线（班组）审核成绩不佳者按以下标准进行扣分（仅对拉长扣分）

（1）日常审核天气为"闪电"的生产班组，不论事由，当班拉长扣2分/次；

（2）审核天气周内三次为"雨"（除因新机型工艺卡未受控引起），当班拉长扣2分；

（3）审核成绩周内两次低于80分的班组，扣当班拉长2分；

（4）日常审核月平均得分（成绩×天气系数）低于75分的班组当班拉长扣1分（月进行日常审核总次数不足5次的班组除外）；

（5）月度审核成绩在65分以下的班组扣1分，55以下的扣2分。

2. 生产线（班组）有作假等行为的，按以下标准进行扣分

（1）生产线有故意作假行为，并未造成任何其他影响的，扣拉长1分，能找到责任人的只扣责任人1～2分；

（2）生产线为应付审核而故意作假的，并造成了不良影响的，扣拉长2分，能找到责任人的，扣拉长1分，并视情节影响而定，扣责任人2～4分，造成重大不良影响的再转交相关部门处理；

（3）在线的审核表或天气图被藏匿或破损、丢失，扣当班拉长1分，能找到责任人的,只扣责任人1分。

3. 对于屡犯问题和严重问题,按以下标准进行扣分

(1) 审核时发现同一问题(拉长能设法解决的)若一周内重复出现,扣拉长1分;

(2) 审核时发现同一问题(拉长无法解决的)若一周内重复出现,并未通知相关部门,扣拉长1分,追溯同线(同产品)其他班组等同处理(扣1分);

(3) 因日常审核等途径发现的问题而开出了《纠正改进报告》的班组,扣相应班组的拉长2分/次。

§13.4.3 装配车间员工考评扣分标准

1. 月度积分扣1分的行为

(1) 无故迟到、早退或不按规定签到、签退;

(2) 车间内不佩戴工作证或工作证佩戴不规范;

(3) 生产区域内未穿工衣、工帽、工鞋;

(4) 车间内不佩戴静电环或佩戴不规范不能起到防静电作用;

(5) 工作时间内聊天、接待亲友;

(6) 没有按照相应工艺进行操作;

(7) 因自身原因导致的故障,被查处发现;

(8) 在工作台上乱涂乱画、乱丢垃圾者;

(9) 交接班时不按规定对自己所在工作台、所用夹具、工具、物料周转盒等相关物品进行清洁或对上班的清理情况不进行检查;

(10) 上下班插队、不排队等。

2. 月度积分扣2分的行为

(1) 违反上述第1第(1)~(10)款且情节严重、屡教不改或态度恶劣者;

(2) 上班时间睡觉、串岗、看各类书籍,听音乐或做与工作无关的事;

(3) 在车间里吵闹、大声喧哗;

（4）擅自动用生产线设备、电脑；

（5）粗暴对待车间物品，如抛、扔、摔各种物料，设备，工具等；

（6）把生产线上物料当作垃圾丢掉。

3.月度积分扣3分的行为

（1）违反上述第2条（2）～（6）款且情节严重、屡教不改或态度恶劣者；

（2）无故旷工一天者（旷工天数与扣分成正比）；

（3）对保安的合理、合法的命令或检查不配合者；

（4）不服从上级命令、消极怠工者。

（5）对于打架、偷盗等性质恶劣者则辞退或开除，特别严重者送公安机关处理。

4.拉长的行为

（1）生产线拉长自己发现生产线的问题，只对当事人扣分，不对拉长扣分；

（2）生产车间主管、车间班长在生产线发现的问题，在对当事人扣分的同时，也要对相应生产线的拉长进行同等分值的扣分；

（3）质量计划处在对生产线进行工艺审核的过程中发现的问题，在对生产线进行扣分的同时，也对生产线拉长进行扣分，具体分值由质量计划处和生产部协商确定；

（4）其他部门如工程部等在生产线上发现的问题，可进行同样的扣分。

§13.4.4　材料仓库员工考评扣分标准

1.月度积分扣1分的行为

（1）无故迟到、早退或不按规定签到、签退；

（2）车间内不佩戴工作证或工作证佩戴不规范；

（3）生产区域内未穿工衣、工鞋，或者接触物料时不戴手套；

（4）车间内不佩戴静电环或佩戴不规范不能起到防静电作用；

（5）工作时间内聊天、接待亲友；

（6）在工作台上乱涂乱画、乱丢垃圾者；

（7）上下班插队、不排队等；

（8）未经批准让非库房人员入内；

（9）不按要求及时清理垃圾或卫生打扫不合格；

（10）没有按照相应要求执行。

2.月度积分扣2分的行为

（1）违反上述第1条（1）～（9）款且情节严重、屡教不改或态度恶劣者；

（2）上班时间睡觉、串岗、看各类书籍，听音乐或做与工作无关的事；

（3）在车间里吵闹、大声喧哗；

（4）擅自动用库房设备，删除或修改电脑存储信息；

（5）粗暴对待车间物品，如抛、扔、摔各种物料，设备，工具等；

（6）把物料当作垃圾丢掉；

（7）未经批准私自换班或轮休；

（8）工作不配合，相互推诿。

3.月度积分扣3分的行为

（1）违反上述第2条（2）～（8）款且情节严重、屡教不改或态度恶劣者；

（2）无故旷工一天者（旷工天数与扣分成正比）；

（3）对保安的合理、合法的命令或检查不配合者；

（4）不服从上级命令、消极怠工者；

（5）对于打架、偷盗等性质恶劣者则辞退或开除，特别严重者送公安机关处理。

4.拉长的行为

（1）拉长自己发现的问题，只对当事人扣分，不对拉长扣分；

（2）材料库主管在材料库发现的问题，在对当事人扣分的同时，也要对相应拉长进行同等分值的扣分；

（3）质量计划处在对材料库进行工艺审核的过程中发现的问题，在对材料库进行扣分的同时，也对相应拉长进行扣分，具体分值由质量计划处和生产部协商确定；

（4）其他部门如工程部等在材料库上发现的问题，可进行同样的扣分。

§13.4.5　成品库员工考评扣分标准

1.月度积分扣1分的行为

（1）无故迟到、早退或不按规定签到、签退；

（2）车间内不佩戴工作证或工作证佩戴不规范；

（3）车间内未穿工衣、工鞋；

（4）工作时间内聊天、接待亲友；

（5）没有按照工作要求进行操作；

（6）因成品库原因导致不能入库或发货；

（7）在工作区域内乱涂乱画、乱丢垃圾者；

（8）交接班时没有把应该交接的设备和工作交接完毕；

（9）在未经拉长或当班负责人允许的情况下下班。

2.月度积分扣2分的行为

（1）违反上述第1条（1）～（9）款且情节严重、屡教不改或态度恶劣者；

（2）上班时间睡觉、串岗、看各类书籍，听音乐或做与工作无关的事；

（3）在车间里吵闹、大声喧哗；

（4）擅自动用其他部门的设备；

（5）粗暴对待车间物品，如抛、扔、摔各种物料，设备，工具等；

（6）把生产线上物料当作垃圾丢掉。

3.月度积分扣3分的行为

（1）违反上述第2条（2）～（6）款且情节严重、屡教不改或态度恶劣者；

（2）无故旷工一天者（旷工天数与扣分成正比）；

（3）对保安的合理、合法的命令或检查不配合者；

（4）不服从上级命令、消极怠工者；

（5）对于打架、偷盗等性质恶劣者则辞退或开除，特别严重者送公安机关处理。

4. 拉长的行为

（1）所有员工的扣分每超过4分时，拉长将被扣除1分；

（2）由于反馈信息不及时并导致一定的损失的，扣2分；

（3）未经直接领导同意，私自更改流程，不按规定操作，扣2分；

第14章 长期KPI考核与业务员薪酬

（某保险公司绩效管理案例解读）

本章讲述保险公司的长期KPI考核与业务员薪酬方案，涉及寿险机构长期KPI考核表与指标定义、保险营销人员的薪酬组成、团队与个人的年终奖、保险销售费用率考核。

14.1 寿险机构长期KPI考核表与指标定义

寿险机构长期KPI以平衡记分卡四个维度（财务关系、客户关系、内部流程、学习成长）为框架。

保险总公司LKPI表，见表14.1。

保险二级分公司长期KPI表，见表14.2。

长期KPI指标定义，见表14.3。

表14.1 寿险总公司LKPI表

战略目标								
方面	战略目标	评估指标	计划目标	实际达成				
				1季	2季	3季	4季	全年
财务	收入增长	第1年保费（FYP）增长率	≥20%					
	承保利润达成	承保利润计划达成率	100%					
战略目标								
客户	客户增长	第1年保费（FYP）相对市场份额	扩大并保持领先					
	长期忠诚客户群	保单继续率	≥85%；78%					
		有效契约件数增长率	≥10%					
		客户满意度	≥80%					
战略目标								
内部经营流程	提升产品研发能力	新产品销售计划达成率	100%					
	建立专业、高效销售队伍	资深业务员增长率	10%					
		人均FYC	≥4500元					
		外勤满意度	≥80%					
	开拓新销售渠道	新渠道销售额增长率	≥50%					
战略目标								
学习与成长	提升员工能力	人均绩效增长率	25%					
		本科以上学历人员占比	40%					
		年人均培训课时	≥40					
	提升员工士气	员工满意度	≥80%					
		关键人才流失率	≤0.2%					
	完善管理机制	改革推广计划达成率	100%					

表 14.2 寿险二级机构 LKPI 表

战略目标								
方面	战略目标	评估指标	计划目标	实际达成				
				1季	2季	3季	4季	全年
财务	收入增长	第1年保费（FYP）增长率						
	承保利润达成	承保利润计划达成率						
战略目标								
客户	客户增长	第1年保费（FYP）相对市场份额						
	长期忠诚客户群	保单继续率						
		有效契约件数增长率						
		客户满意度						
战略目标								
内部经营流程	提升产品推广促销能力	新产品销售计划达成率						
	建立专业、高效销售队伍	资深业务员增长率						
		人均FYC						
		外勤满意度						
	提升销售队伍管理能力	活动管理九星达标评级						
	提升业务管理品质	业务管理达标评级						
战略目标								
学习与成长	提升员工能力	人均绩效增长率						
		本科以上学历人员占比						
		年人均培训课时						
	提升员工士气	员工满意度						
		关键人才流失率						
	完善管理机制	改革推广计划达成率						

表14.3 长期LKPI指标定义

方面	LKPI	指标定义
财务	FYP增长率	（期末营销FYP/期初营销FYP-1）×100%
	承保利润计划达成率	实际承保利润/计划承保利润×100%
客户	FYP相对市场份额	当年寿险的FYP/当年中国人寿FYP×100%
	保单继续率	13（25）月后仍然有效的保单件数/13（25）月前承保的保单件数
	有效契约件数增长率	（当期有效契约件数/上期有效契约件数-1）×100%
	客户满意度	客户对寿险在品牌、销售队伍形象、产品和服务时效等方面的评分
内部经营流程	新产品销售计划达成率	（新产品首年保费实际销售额/新产品首年保费计划销售额）×100% 或（新产品承保利润/新产品计划承保利润）×100%
	资深业务员增长率	（当期资深业务员人数/上期资深业务员人数-1）×100%，资深业务员为从业一年以上的业务人员
	人均FYC	当期FYC/当期业务员人数
	外勤满意度	全系统（或二级机构）外勤人员对公司满意度的抽样调查
	新渠道销售额增长率	[当期通过新的销售渠道（银行代理、收展员、电话直销和网上销售等）销售的首年保费额/上期新渠道销售首年保费额-1]×100%
	活动管理九星达标评级	二级机构销售队伍活动管理评估达标评级
	业务管理达标评级	二级机构业务管理达标评级
学习与成长	人均绩效增长率	[（本期绩效/本期内勤人数）/（上期绩效/上期内勤人数）-1]×100%，绩效=FYP×60%+总保费×440%
	本科以上学历人员占比	本科以上学历内勤员工/内勤员工总数×100%
	年人均培训课时	年度内培训总课时/内勤平均人数
	员工满意度	内勤员工对公司的满意度调查
	关键人才流失率	关键岗位人才流失数/内勤员工总数×100%
	改革推广计划达成率	实际改革达成项目/计划改革项目×100%

14.2 保险营销人员的薪酬
（业务员、主管）

保险业务员薪酬组成、比例与设计原则，见表14.4。

表14.4 保险业务员薪酬组成、比例与设计原则

薪资组成	薪资比例	设计原则	设计目的
固定工资	20%～45%	根据个人级别设定，个人级别由保费设定。提高较高级业务员的固定工资比例，如：保费80万元以上固定工资20%，保费200万以上固定工资比例30%；保费1000万以上固定工资比例45%	吸引和保留优秀销售人才；通过累进提成系数鼓励业务员；通过提高优质险种的提成比例优化险种结构，从而提高效益
提成	30%～55%	提高优质险种提成比例，采用累进提成倍数	
年终奖	15%～30%	根据团队KPI决定团队总奖金，根据个人保费做初步分配。销售主管有权调整50%	
福利		业务员福利基本与同级管理人员一致。建立某些特殊福利以保留优秀人才	

指标说明如下。

（1）团队KPI：保费计划达成率、赔付率、人均保费、续保率、应收率、费用率、新人育成数。

（2）保费：当年保费、近2年累计保费。

保险业务员的不同保费来源的提成比例、业务累积，见表14.5。

表14.5 不同保费来源的提成比例、业务累积

	保费来源	特点	业务员保费积累	提成比例
1	大客户	标的分散，保费大于50万元	由大客户、项目委员会评定业务员贡献，各项目每年计算一次	正常提成比例
2	大项目	标的集中，单笔保费50万～150万元（含）	总保费×贡献	正常提成比例
3	大项目	标的集中，单笔保费150万～300万元（含）	总保费×贡献	四类险种提成比例
4	大项目	标的集中，单笔保费大于300万元	不计个人保费，计入三级机构保费	按总公司现有超大项目奖金制执行
5	中小客户	保费小于等于50万元	总保费	正常提成比例

续表

	保费来源	特点	业务员保费积累	提成比例
6	销售主管和脱落人员业务	销售主管和脱落人员业务，由主管组织人员维护	不计个人保费，全部保费累积在销售团队名下	保费提成给部门，但无提成倍数，由主管按表现公开分给业务员
7	代理—业务员	由业务员自己发展的代理业务	总保费	正常提成比例×0.9
8	代理—公司	由公司出面签订总代理协议	由代理人室去开发、维护，不计入个人保费	不提奖

指标说明如下。

（1）如有争抢业务的情况，该业务不计入任何一方保费，不提成，每次扣主管年终奖20%、个人40%。

（2）项目委员会：由大客户组成员、相应三级机构总经理、二级机构业务副总组成。

（3）代理—公司：该类代理在未收回交予代理时，保费仍计算在有关业务员名下，但提成比例为正常×50%。

（4）销售主管和脱落人员业务：表现包括发展和维护部门业务，培育新人，协助团队公关。

保险销售主管的薪资组成、比例、设计原则，见表14.6。

表14.6 保险销售主管的薪资组成、比例、设计原则

薪资组成	薪资比例	设计原则	设计目的
固定工资	20%～35%	根据个人级别设定，级别与团队保费及KPI表现挂钩。在目前水平上增加50%	提高主管收入，吸引和保留优秀主管。主管收入仅与团队业绩挂钩，促使主管把精力放在建设团队上。引导主管重视赔付率、人均保费及应收率等
提成	40%～55%	团队总提成工资×25%。个人业务属于部门，按业务员提成方式分配给部门，由主管分配，结果公开	
年终奖	20%～30%	与团队KPI挂钩，团队总奖金×25%	
福利		与主管级别挂钩	

14.3　年终奖
（团队、个人）

1. 团队总年终奖核定

计算公式：团队总奖金W=全年总提成U×奖金比例P，其中，P根据考核分确定。考核分=业绩指标得分+纪律指标得分，纪律指标只扣不加。

保险团队KPI表，见表14.7。

表14.7　保险团队KPI表

指标类型	KPI	权重
业绩指标，100%	保费计划达成率	20%
	赔付率	30%
	人均保费	30%
	续保率	20%
纪律指标，40%	应收率	12%
	费用率	12%
	新人育成数	6%
	客户信息质量	10%
合计		140%

2. 主管的年终奖分配

计算公式：主管实际奖金=主管奖金基数+考核调节奖罚，其中，主管奖金基数=团队总奖金（不含主管）×提成比例25%。

考核调节奖罚由二级机构总经理室进行考核调节，金额范围为奖罚主顾奖金基数的正负25%。考核流程：按考核表打分，计算各主管总评分，根据总评分制定调整幅度，所有主管的调整金额之和必须为0。

如有争抢业务的情况，每次扣奖金20%。

3. 业务员的年终奖分配

计算公式：业务员实际奖金=业务员奖金基数+考核调节奖罚，其中，业务员奖金基数=团队总奖金（不含主管）×业务员实收保费/团队总实收保费。

考核调节奖罚规定：由主管进行考核，金额范围为业务员奖金基数的正负50%。考核流程：按考核表打分，计算各业务员总评分，根据总评分制定调整幅度，所有业务员的调整金额之和必须为0。

如有争抢业务的情况，每次扣奖金40%。

14.4 保险销售的费用率与考核

总销售费用率4.7%（比上年增加了0.2%），见表14.8。

主要改变：当时无专项用于销售的费用预算。改革后各级人员有专项的销售费用，对其额度有使用决定权。

表14.8 保险销售的费用率与考核

部门类别	销售费用率分割	主要用途	管控措施	考核
市场部	0.20%	代理、经纪人、政府公关展业、奖励业务员、培训、宣传资料	分权限报销制度、公开化；营业部门费用率是营业部门KPI之一；监督二级机构销售费用，考核综合费用率，不将销售费用率作为专项考核指标。公开各级费用与使用情况	费用率为纪律指标
三级机构	1%	大项目、代理、经纪人、政府公关展业		只考核综合费用率
营业部门	2%	宣传、招待；大项目、代理、政府；内部激励培训		费用率为纪律指标
业务员	1.50%	招待费、礼品、交通、通信		不考核费用率
合计	4.70%			

指标说明如下。

（1）大客户组的费用约为保费的4.5%，但不固定，以确保大项目有足够费用投入；

（2）所有与大客户有关的费用都要做预算，由大客户组批准；

（3）所有实际费用无论是否成功都向大客户组报销。

第15章

年薪制与部门年度考核书

（某通信服务企业的绩效管理案例解读）

某通信服务企业NT集团公司有多家子公司。由于体制的原因，归属于省级电信运营商的实业公司。NT集团公司的业务部门包括贸易公司、技术服务公司、广告公司、工程公司。职能部门包括办公室、财务部、市场部。

方案采取年薪制，制定部门年度考核书，分职能部门、业务部门、部门经理三部分撰写。

职能部门侧重考核以下内容：公司下达任务完成情况、部门管理、公司内部客户满意度。业务部门侧重考核以下内容：部门经营目标完成情况、外部、内部客户满意度。部门经理侧重考核：管理能力、部门经营目标完成情况、改革创新、部门协调合作。

15.1 年度部门考核书
（6个部门）

年度部门考核书有以下一些共性的指标定义和计分规则。

（1）利润：内部结算利润，不同于报表利润。

（2）七项费用支出：办公费、业务招待费、差旅费、会议费、低耗品、劳保费、财务报表中其他费用。

（3）回款率：已收款/应收款。根据合同条款约定和实际履行已到收款时间的应收款项。

（4）客户投诉、承诺或合同执行不良：除客户投诉扣分外，一般通过绩效考核小组成员走访客户，发放问卷调查等方式综合评分。

（5）公司临时性任务完成情况：由公司领导，办公室综合评分。

（6）配合其他部门、子公司的工作：除扣分项外，由公司领导、其他部门经理综合评分。

（7）企业文化建设：由公司领导、办公室根据宣传稿件有效数量及部门团队精神培养等综合评分。

（8）职能部门的客户满意度，均通过公司内部问卷调查，相关部门、公司领导综合评分确定。

贸易公司、广告公司、工程公司的年度部门考核书，见表15.1～表15.3。

表15.1　年度部门考核书——贸易公司

部门：贸易公司					部门经理：		
序号	维度	绩效指标	权重	单位	目标值	计分规则
1	经营指标	新签合同额	55	万美元	4500（进口业务4400+出口业务100）	按完成比例计算
2		签订合同数	5	个		按完成比例计算
3		财务七项费用支出	15	万元	85	每降低5%，加1分；每超过5%，扣1分
4		回款率	5	%	90%	每增加5%，加1分；每减少5%，扣1分
5	客户满意度指标	客户投诉，承诺或合同执行不良	15	次	0	客户投诉1次，扣5分
6		公司临时性任务完成情况	2	分	及时、有效	

续表

序号	维度	绩效指标	权重	单位	目标值	计分规则
7	客户满意度指标	配合其他部门（子公司）的工作	2	分	提供及时，有效配合	其他部门向考核评审小组书面投诉1次，扣2分
8		企业文化建设	1	篇	市级以上媒体报道至少1篇	未完成，扣1分
9		合计	100			

表15.2　年度部门考核书——广告公司

部门：广告公司　　　　　部门经理：_____

序号	维度	绩效指标	权重	单位	目标值	计分规则
1	经营指标	内部利润	60	万元	400	按完成比例计算
2		财务七项费用支出	15	万元	80	每降低5%，加1分；每超过5%，扣1分
3		回款率	5	%	90%	每增加5%，加1分；每减少5%，扣1分
4	客户满意度指标	客户投诉，承诺或合同执行不良	15	次	0	客户投诉1次，扣5分
5		公司临时性任务完成情况	2	分	及时、有效	
6		配合其他部门（子公司）的工作	2	分	提供及时，有效配合	其他部门向考核评审小组面投诉1次，扣2分
7		企业文化建设	1	篇	市级以上媒体报道至少1篇	未完成，扣1分
8		合计	100			

表15.3　年度部门考核书——工程公司

部门：工程公司　　　　　部门经理：_____

序号	维度	绩效指标	权重	单位	目标值	计分规则
1	经营指标	内部利润	60	万元	500	按完成比例计算
2		财务七项费用支出	15	万元	500	每降低5%，加1分；每超过5%，扣1分
3		回款率	5	%	90%	每增加5%，加1分；每减少5%，扣1分

续表

序号	维度	绩效指标	权重	单位	目标值	计分规则
4	客户满意度指标	客户投诉，承诺或合同执行不良	15	次	0	客户投诉1次，扣5分
5		公司临时性任务完成情况	2	分	及时、有效	
6		配合其他部门（子公司）的工作	2	分	提供及时，有效配合	其他部门向考核评审小组书面投诉1次，扣2分
7		企业文化建设	1	篇	市级以上媒体报道至少1篇	未完成，扣1分
8		合计	100			

办公室、财务部、市场部的年度部门考核书，见表15.4～表15.6。

表15.4 年度部门考核书——办公室

部门：办公室＿＿＿＿＿＿　　　　　　　　　　　　　部门经理：＿＿＿＿＿＿

序号	维度	绩效指标	权重	单位	目标值	计分规则
1	经营指标	财务七项费用支出	20	万元	90	每超过5%，扣1分
2	综合管理指标	配合相关部门完善公司各项管理制度	5			
3		完成上级部门布置的党、工会工作	10			
4		完成公司接待、公关、与政府职能部门的协调	3			
5		公司各类文件、营业执照、图书、报刊、信函、印章、文书档案管理	15			
6		完成人事劳资日常工作	10			
7		组织安排员工培训	2			
8		公司内部的协调和沟通	5			
9		企业形象、业务策划宣传	5			
10		日常行政后勤	5			
11		车辆管理	5			
12		大型会务策划、组织、秘书工作	5			
13		完成领导临时布置的工作	5			
14		对外宣传	5	篇	市级以上媒体报道至少1篇	未完成1篇，扣1分
15		合计	100			

表15.5　年度部门考核书——财务部

部门：财务部				部门经理：	
序号	维度	绩效指标	权重	单位	目标值	计分规则
1	经营指标	财务七项费用支出	20	万元	30	每超过5%，扣1分
2	综合管理指标	及时、有效做好资本运作	10			
3		制定、完善公司财务管理制度	10			
4		公司财务计划编制	10			
5		财务核算正确、真实、完整	15			
6		编制各类财务报表、分析公司财务状况、提供优化建议	15			
7		为各部门的业务提供财务处理上的优化建议	10			
8		公司内部的协调和沟通	5			
9		对外宣传	5	篇	市级以上媒体报道至少1篇	未完成，扣5分
10		合计	100			

表15.6　年度部门考核书——市场部

部门：市场部				部门经理：	
序号	维度	绩效指标	权重	单位	目标值	计分规则
1	经营指标	财务7项费用支出	20	万元	10	每超过5%，扣1分
2	综合管理指标	优化公司各项管理制度、管理流程	15			
3		完成上级布置的各种临时策划工作	10			
4		为公司管理层提供科学决策依据	15			
5		目标管理制度的考核、落实	10			
6		公司内部的协调和沟通	10			
7		负责策划公司的资本运作和投资评估	10			
8		对外宣传	10	篇	市级以上媒体报道至少3篇	未完成1篇，扣1.5分
9		合计	100			

15.2　考核与奖金挂钩

部门奖金包通过奖金基数、奖励系数计算。根据各季度利润达成率确定季度奖金基数，结合考核分，确定季度考核奖金。

计算公式：部门实际奖金包＝部门奖金包基数×奖励系数。

§ 15.2.1　奖励系数的确定

奖励系数，见表15.7。

表15.7　奖励系数

适用部门	考核分	奖励系数
贸易公司、广告公司、工程公司	120分以上	1.4
	108分以上	1.2
	108分及以下	按比例
	70分及以下	0
办公室、财务部、市场部	95分以上	1.2
	90分以上	1
	85分以上	0.9
	70分以上	按比例
	70分及以下	0

§ 15.2.2　各部门奖金包基数的确定

现在，需要继续确定各部门的奖金包基数如何计算。

1. 业务部门（广告公司、贸易公司）的奖金包计算

计算公式：部门可发季度奖金＝部门季度可发奖金基数×季度考核分/100，其中，部门季度奖金基数＝季度部门可发工资总额－每月预发岗位工资。

季度部门可发工资总额＝季度部门利润/计划百元工资创利×100。

计划百元工资创利＝计划利润/计划工资总额×100，不含部门经理。

广告公司、贸易公司的季度奖金测算,见表15.8。

表15.8 广告公司、贸易公司的季度奖金测算

业务部门	计划利润	计划工资总额	计划百元工资创利	季度部门利润	季度部门可发工资	每月预发岗位工资	部门季度奖金基数	考核分	部门可发季度奖金
	万元	万元	元	万元	万元	万元	万元	分	万元
广告公司	100	800	12.5	25	200	40	80	96	76.8
贸易公司	120	960	12.5	30	240	48	96	88	84.5

2. 业务部门(工程公司)的奖金包计算

计算公式:部门可发季度奖金=部门季度可发奖金基数×季度考核分/100,

其中,部门季度可发奖金基数=季度可发工资总额-每月已发岗位工资,

季度可发工资总额=季度新签合同额/计划百元工资新签合同额×100,

计划百元工资新签合同额=计划新签合同额/计划工资总额×100,不含部门经理。

工程公司的季度奖金测算,见表15.9。

表15.9 工程公司的季度奖金测算

业务部门	计划新签合同额	计划工资总额	计划百元工资新签合同额	季度新签合同额	季度部门可发工资	每月预发岗位工资	部门季度奖金基数	考核分	部门可发季度奖金
	万元	万元	元	万元	万元	万元	万元	分	万元
工程公司	2000	800	250	500	200	50	50	93	46.5

3. 业务部门(技术服务公司)的奖金包计算

技术服务公司处于筹建期,主要考核工作量。按岗位工资的7折作为季度奖金计发的基数。

计算公式:部门季度可发奖金=实际已发岗位工资×0.7×季度考核分/100。

业务部门遇到实施项目或合同时间跨度大,或本季度实现内部利润无法完全体现部门的贡献,可以经公司领导审批,预支本部门下季度部分奖金。

预支前提是:部门工资实际支出与年度计划工资总额的比例不超过部门实

际完成利润与年度计划利润的比例。

4. 职能部门的奖金包计算

职能部门奖金不实行总额控制，分别确定各岗位的奖金综合系数。

计算公式：部门年度奖金总额＝部门年度工资总额－部门各月已发工资总额，其中，部门年度工资总额＝部门计划年度工资总额×部门奖金系数。

5. 部门经理、副经理的奖金计算

（1）季度奖金的计算

业务部门的部门经理的奖金计算：季度奖金＝所在部门员工季度平均奖金×职务系数。

职能部门的部门经理的奖金计算：季度奖金＝业务部门员工季度平均奖金×部门系数×职务系数。

（2）年度奖金的决算

业务部门的部门经理的奖金计算：年度奖金＝所在部门员工全年平均奖金×部门奖金系数×职务系数。

职能部门的部门经理的奖金计算：年度奖金＝业务部门员工全年平均奖金×部门系数×部门奖金系数×职务系数。

（3）职务系数、部门系数

职务系数：部门经理＝2.2，副经理＝1.75。

部门系数：财务部、市场部＝1.0，办公室＝0.9。

部门经理、副经理的季度奖的测算，见表15.10。

（4）超额奖励

考核目标超额完成，部门经理（副经理）可按相应系数领取超额奖金。

（5）考核结果应用

当年度考核分 X 小于60分时，部门经理、副经理撤职、低聘或解聘。

当年度考核分 X 小于70分时，部门经理、副经理降职、低聘。

当年度考核分 X 小于80分时，部门经理、副经理次年不加薪。

表15.10 部门经理、副经理的季度奖的测算

部门	职务	本部门员工季度平均奖 元	部门系数	职位系数	经理、副经理的季度奖 元
贸易公司	经理	9000	1	2.2	19800
	副经理	9000	1	1.75	15750
广告公司	经理	7500	1	2.2	16500
	副经理	7500	1	1.75	13125
工程公司	经理	6000	1	2.2	13200
	副经理	6000	1	1.75	10500
技术服务公司	经理	5400	1	2.2	11880
	副经理	5400	1	1.75	9450
办公室	经理	5100	0.9	2.2	10098
	副经理	5100	0.9	1.75	8032.5
财务部	经理	5400	1	2.2	11880
	副经理	5400	1	1.75	9450
市场部	经理	5400	1	2.2	11880
	副经理	5400	1	1.75	9450
合计					170995.5

解读笔记

业务部门的量化还是不错的。职能部门的绩效指标，似乎不够符合"SMART（目标、管理原则）原则"，需要进一步细化、量化。

广告公司、贸易公司的工资总额控制的依据是：百元工资的季度部门利润达成率；技术公司、工程公司的工资总额控制的依据是：百元工资的季度新签合同额达成率。

考核目标超额完成，如何提取超额奖金，需明确。比如按超额利润或新签合同额的百分比。

部门经理、副经理以员工的平均奖作为计算基数，结合职务等倍数，这也是挂钩的一种方式。

第16章

代维、自维考核方案及测算

（运营商网络部的绩效管理案例解读）

电信运营商的业务基础是通信网络，网络运行维护简称为网络运维。运维由本企业员工负责叫自维，外包给第三方完成叫代维。除运营商外，其他行业也有外包给第三方做代维。

本章介绍运营商在网络运维环节通常采取的自维、代维方式如何考核，包括县分公司网络代维考核方案、代维自维费用测算。

16.1 某县分公司网络代维与自维结合的考核方案

电信运营商的运维一种是完全由本企业的正式员工完成（自维），第二种是完全交给第三方代维，运营商支付给代维公司费用，这些代维人员也是代维公司的员工，与运营商无关。

但有些电信运营商也提出过第三种中间方式：即这些运维员工由运营商自

己管理，代维公司的员工出现问题运营商指挥不动；只是在劳动合同的签订上作了处理，交给指定的代维公司与这些员工签订、并代发工资、缴纳社保等，这主要是运营商为了控制正式员工的人数。

本案要点包括定岗定编定员、薪资福利、工具配置、代维费用标准上限。

原来是交付给代维公司，现在感觉代维工作有问题，但代维人员不能直接管理。因此公司提出了从"代维"变为"自维"的想法。自维是指县公司自主组建维护队伍并进行全面管理，其维护工作包括装、拆、移机及线缆维护等，根据公司实际工作需要，必要时要承担一定的营销工作。维护工作流程、质量等参照省公司下达的标准执行。维护范围包括语音、数据的装、拆、移，以及线缆维护。但需要注意的是，由于省公司存在对正式员工编制的控制，县分公司只好采取劳动合同签订挂靠指定的代维公司，但这些人员是公司自己管理的，因此需要做费用的测算。

1. 定岗定编定员

组织设置：参照县公司具体情况，设置维护队，下设维护班2个，负责日常维护。根据经营情况实行统一调配。

岗位设置：设置维护队长、维护班长、维护人员3个岗位。

合作代维公司选择：选择某公司为合作伙伴，由该公司与维护人员签订相关协议，所产生的费用计入代维成本。

人员招聘：由代维公司进行人员招聘，确定任用人员，办理人员录用手续。

人员配备：队长1名；班长2名；维护人员8名。

2. 薪资福利

工资：工资由"底薪＋考核工资"组成。底薪根据当地的社会劳动力价格和代维公司人员工资情况确定为600～900元，考核工资根据维护工作内容，更多采取计件或计量的方法，经考核确认后核定。代维人员的薪酬福利、管理费用等县公司以劳务费用或工程、维护费用等方式支付给代维公司，不占县公司的人工成本。

代维公司负责发放维护人员的薪酬，缴纳相应的保险、福利。具体操作方式为：维护班长每月底薪900元；维护人员每月底薪600元。维护班长每月奖金标准为900元，维护人员每月奖金标准为600元，经月度绩效考核后核发。

福利：每人投保意外伤害险2份；通信费60元/月；过节费若干。

3. 工具配置

配备的施工工具、仪器仪表发生的费用测算，见表16.1。

表16.1　代维人员工具配置费用测算

序号	工具名称	数量	单价	金额（元）
1		2	100	200
2		2	100	200
3		2	100	200
4		10	40	400
5		2	150	300
6		4	40	160
7		2	500	1000
8		4	10	40
9		4	10	40
10		4	10	40
11		2	150	300
12		4	5	20
13		2	300	600
14		2	800	1600
15		4	20	80
16		2	50	100
总金额				5280

代维工作时所需工程车辆，根据实际情况，采取自购或租赁方式解决。

4. 代维费用标准上限

（1）上年省公司制定的装拆移修代维费用标准上限

① 装、移机

实装用户（含材料）：语音（对）装、移各不高于50元/次；宽带（端口）装、移各不高于50元/次。

实装用户（不含材料）：语音（对）装、移各不高于30元/次；宽带（端口）装、移各不高于30元/次。

② 维护

语音（对）拆、日常维护（保养、日常巡检、维护）不高于2.6元/月；宽带（端口）拆、日常维护（保养、日常巡检、维护、抢修）不高于9元/月；维护材料另计。

（2）当年省公司调整后的装拆移修代维费用标准上限

住宅/企业电话：装移机30元/户·次。公用电话：装移机30元/户·次。校园电话：装移机30元/户·次。住宅宽带：装移机50元/户·次。企业宽带：装移机100元/户·次。企业专线：装移机100元/条·次。固话用户终端代维指导标准从每户2元调整为1元。

16.2　代维与自维费用测算

运营商S县分公司的代维费用较高，计划转回自维，方案讨论前做了费用测算与比较。

§16.2.1　代维与自维费用数据

1. 当年3～12月代维费用测算

维护工作量预计包括S县所属各乡镇、村的电缆维护及装拆移机约8500门（含数据），累计维护量到年底约10600门（含数据），到次年2月底维护量3140门。

测算代维费用为8500×35＋(10600＋3140)/2×10×2=434900（元）。

2. 自维费用测算

分项费用如下。

（1）人员工资福利152500元，其中，预计薪酬总额为15万元，购买商业保险费用为2500元。

（2）仪表、工具、设备：5280元。

（3）材料配备（不包括终端设备）：17000×10=17（万元）。

（4）车辆配备、保养和使用费用如下。

a.自购方式：自购工程车2辆，按3年折旧，总9.2万元；每月汽油费2000元、养路费560元、保养费600元、保险费320元、折旧费2500元；总计：(2000＋560＋600＋320＋2500)×10=59800（元）。

b.租赁方式：每月汽油费2000元、养路费560元、保养费600元、租金4000元；总计：(2000＋560＋600＋4000)×10=71600（元）。

（5）服装费、通信费、办公费等其他日常费用相关费用：35000元，其中，

服装费为900×10=9000（元）；

通信费为60×10×10=6000（元）；

办公费为200×10×10=20000（元）。

自维费用合计测算：

152500+5280+170000+71600+35000=434380（元）。

§16.2.2　代维与自维费用比较分析

自维费用测算中，工具、仪表、服装等都是一次性计入，车辆按租赁方式计算费用，测算结果与代维方式基本持平。

各市分公司装拆移修维护项目的代维公司与收费标准表，见表16.2。

表16.2 各市分公司装拆移修维护项目的代维公司与收费标准

分公司	代维公司名称	代维区域	装、移机费用标准（元）		拆、日常维护费用标准（元）		备注
			固话（对）	宽带（端口）	固话（对）	宽带（端口）	
杭州			28	28	2.5	8	负责接入管道和杆路维护
			28	28	2.5	8	
			28	28	2.5	8	
			25	25	2.2	7	
					1.5		
宁波			45（含材）	45（含材）	2	7.5	
			45（含材）	45（含材）	2	7.5	
			45（含材）	45（含材）	2	7.5	
			30（不含材）	30（不含材）	2	7.5	
			30（不含材）	30（不含材）	2	7.5	
			50（含材）	50（含材）	2	7.5	
			45（含材）	45（含材）	2	7.5	
温州			50（含材）	50（含材）	2.5	6	
			50（含材）	50（含材）	2.5	6	
			50（含材）	50（含材）	2.5	6	
			50（含材）	50（含材）	2.5	6	
			50（含材）	50（含材）	2.5	6	
			50（含材）	50（含材）	2.5	6	
			50（含材）	50（含材）	2.5	6	
			50（含材）	50（含材）	2.5	6	
金华			48（含材）	48（含材）	2.5	8	
台州			46（含材）	LAN:46（含材）/VDSL:28	2.5	2.5	
			46（含材）		2.5	2.5	
			46（含材）		2.5	2.5	
			46（含材）		2.5	2.5	
			46（含材）		2.5	2.5	
			46（含材）		2.5	2.5	
			46（含材）		2.5	2.5	

续表

分公司	代维公司名称	代维区域	装、移机费用标准（元）		拆、日常维护费用标准（元）		备注
			固话（对）	宽带（端口）	固话（对）	宽带（端口）	
绍兴			35（含材）	35（含材）	2	5	
			15（不含材）	15（不含材）			
			35（含材）	35（含材）			
			35（含材）	35（含材）			
			35（含材）	35（含材）			
					2	5	
					2	5	
					2	5	
嘉兴			50（含材）/23（不含材）	50（含材）/23（不含材）	2.5	7.5	
湖州					0.8	0.8	由施工队完成，分公司反映维护质量差
丽水			48（含材）	48（含材）/28（VDSL加装）	2.5	9	
衢州			50	50	2.6	9	
			30	30	2.6		
			30	30	2.6		
			50	50	2.6	9	
舟山			50	50			
			50	50			

16.3 某市分公司网络自维承包方案

本方案涉及两类岗位，包括动力维护人员、线路维护人员。员工原年收入＝基本工资＋绩效奖金，本方案调整绩效奖金为承包费。

1. 动力维护人员核算的承包费U的测算

承包费划分为4项：A＝接入点机房，B＝模块机房，C＝母局机房，D＝话吧接入点。

计算公式：承包费U=单项承包费A+B+C+D。

单项承包费=动力维护节约成本C×分成比例L，其中，动力维护节约成本C=动力代维费用-动力自维成本。

承包费季度计提95%，年终预提5%（用于岗位调整、星级评比）。计算公式：U季度=U×0.95，U年终=U×0.05。

2. 线路维护人员核算的承包费V的测算

承包费划分为2项：E=固话新装机，F=固话日常维护。

计算公式：单项承包费=线路维护节约成本C_2×分成比例L_2，其中，线路维护节约成本=线路代维费用-线路自维成本。

C、L、C_2、L_2由省公司网络部、财务部核定。

3. 奖罚系数

奖罚系数=网络部考核分/100×0.3+承包团队考核分/100×0.7。当承包团队考核分小于60分时，对应的奖罚系数=0。

4. 考核的承包费

季度考核的承包费=承包费U×0.95×奖罚系数。年度考核的承包费=（年承包费+年绩效奖金-平时预发基本工资）×年奖罚系数。

二次分配细则：根据考核的承包费，对承包团队的组长、组员分别制定分配比例。

第17章
工厂成本考核的漏洞与补救

（某民企工厂的绩效管理案例解读）

人力资源部虽然是考核组织的牵头部门之一，但公司、部门的KPI考核表，不少绩效指标的选取、指标定义、目标值下达等是交给相关部门确定的。在知其所以然方面，HR对绩效指标的理解，往往没有相关部门深入，切中实际。有些指标，习以为常，也提不出适用与否的理由，反倒是相关部门会发现问题，并提出调整的措施。

本章是一个工厂财务经理在公司对工厂的绩效指标之一（成本考核指标）进行的分析，很有见地。

17.1 成本考核指标调整的漏洞与补救措施
（系数法介绍）

财务经理发现了工厂成本考核调整前后存在的漏洞。

上年公司对工厂的成本考核指标叫生产成本完成率，生产成本中某原材料

Q按计划价扣除制造费用中的固定资产折旧费和长期待摊费用进行考核。

本年对工厂的成本考核指标分解为半成品车间考核原材料Q及合金的消耗、装配车间考核产品报废率、动力和制造费用的单位成本。

但实际上上年和本年对工厂的考核指标各有利弊。

上年的考核指标主要是品种结构对成本的影响太大，无法反映真实的成本情况。

本年的考核指标比较细，但对装配车间的考核力度明显不强。原因是：现在产品的报废是由车间填单子然后申请报废。这就给了车间在月份之间或年度之间进行调节的余地，甚至会出现为了完成指标把该报废的产品不报废而说成是返修产品的情况。车间的隐蔽操作是：把产品敲碎，而里面材料一样不用，重新领用材料生产出新产品当做返修产品。因此产品报废率指标形同虚设。

而本年工厂的成本指标太细，很多应该是工厂对车间的考核，而不应该是公司对工厂的考核。

如果能消除品种结构对成本的影响，那么上年的考核指标比本年更合适。

品种结构对成本的影响是否可以通过一定方法消除呢？其实通过系数法完全可以解决。下面来说明一下系数法。

系数法，是指以年初计划成本中最低的一种产品单位成本为基础，或者以某一固定值（如500元/单位），计算出其他产品对该产品的系数。

所有产品的系数相加为产品总系数，总系数/总产量=单位系数。各产品的单位系数是按计划成本进行确定，一经确定，以后各期都将采用此系数。

现举例说明如下。

假设年初制定的产量及成本如下，以品种500F为标准，其他产品单位系数=其他产品单位成本/500F单位成本。见表17.1。

Excel测算技巧如下。

假定单位系数在I列，200F在4行。录入单位、数量（只）、单位成本（元/

表 17.1　系数测算表 1

品种	单位	单位	数量 只	总产量 单位	单位成本 元/只	单位成本 元/单位	总成本 元	单位系数	总系数
200F	只	0.4	100	40	240	600	24000	1.2	48
300F	只	0.6	100	60	330	550	33000	1.1	66
400F	只	0.8	100	80	424	530	42400	1.06	84.8
500F	只	1	100	100	500	500	50000	1	100
600F	只	1.2	100	120	612	510	61200	1.02	122.4
合计			500	400	421.2	526.5	210600	1.053	421.2

单位）的数据：0.4，100、600。则总产量=0.4×100=40（单位）。单位成本（元/只）=600×0.4=240（元/只）。总成本=240×100=24000（元）。

单位系数的Excel公式设置为：I4=G4/G\$7=600/500=1.2。注意：用\$固定。

总系数=1.2×40=48。

下拉公式，得到300F～600F品种的各栏计算公式。

合计数量、总产量容易，D9=SUM（D4:D8），E9=SUM（E4:E8）。但单位成本（元/单位）=总成本合计/总产量单位=210600/400=526.5（元/单位），实质是求平均。

从上表可以看出，计划单位成本为526.5元/单位，所有产品的单位系数为1.053。

17.2　系数法的测算

下面具体介绍系数法的两种测算：品种结构改变、价格变动。

§17.2.1　品种结构改变的系数法测算

现假设在实际生产中总产量与单位成本不变，但品种结构改变为以下形式，见表17.2。

表17.2 品种结构改变后的系数测算表2

品种	单位	单位	数量 只	总产量 单位	单位成本 元/只	单位成本 元/单位	总成本 元	单位系数	总系数
200F	只	0.4	200	80	240	600	48000	1.2	96
300F	只	0.6	50	30	330	550	16500	1.1	33
400F	只	0.8	50	40	424	530	21200	1.06	42.4
500F	只	1	100	100	500	500	50000	1	100
600F	只	1.2	125	150	612	510	76500	1.02	153
合计			525	400	404.2	530.5	212200	1.061	424.4

Excel测算技巧如下。

复制表17.1，数量（只）重新录入，得到表17.2。

分析如下。

从上表可以看出，经过品种结构改变后，产品单位成本变为530.50元/单位（212200/404.2），但从明细产品单位成本看，每个产品的成本都和表17.1一致（灰色部分）。

采用系数法可以还原由于品种结构的改变对成本的影响。测算如下。

本表的单位系数为1.061，则实际单位成本/实际单位系数×计划单位系数=530.5/1.061×1.053=526.5（元/单位），与计划单位成本一致。见表17.3。

表17.3 还原单位成本测算1

实际单位成本	实际单位系数	计划单位系数	还原单位成本
元/单位			元/单位
530.5	1.061	1.053	526.5

结论：在单位成本不变而品种结构改变的时候，系数法可以解决品种结构对成本的影响。

§17.2.2 价格变动的系数法测算

那么在价格变动的情况下，系数法是否能解决品种结构对成本的影响呢？

举例如下。假设原料Q价比计划价格上升了1000元/吨，成本上升0.04元/（2×千分之一单位），总产量不变（400单位），品种结构同表17.2一致，具体见表17.4。

表17.4 价格变动后的系数测算表

品种	单位	单位	数量 只	总产量 单位	单位成本 元/只	单位成本 元/单位	总成本 元	单位系数	总系数
200F	只	0.4	200	80	248	620	49600	1.192	95.4
300F	只	0.6	50	30	342	570	17100	1.096	32.9
400F	只	0.8	50	40	440	550	22000	1.058	42.3
500F	只	1	100	100	520	520	52000	1.000	100.0
600F	只	1.2	125	150	636	530	79500	1.019	152.9
合计			525	400	419.4	550.5	220200	1.059	423.5

Excel测算技巧如下。

复制表17.2，重新录入单位成本（元/只），得到表17.4。

分析如下。

从表17.4初步看，单位成本=550.5（元/单位），增加了。但是要剔除原料Q价上升对产品成本的影响。

成本增加0.04元/（2×千分之一单位），可得到0.02元/千分之一单位，则得到20元/单位。见表17.5。

表17.5 每单位成本增加测算

	元	千分之一单位	元/千分之一单位	元/单位
成本增加	0.04	2	0.02	20

在同一Excel页内建表17.6、表17.7。假定表17.6的元/单位=20，在E列3行，表17.5的品种200F的成本增加在K列4行，则Excel公式设置为：K4=J4*I4*E$3，即200F的成本增加=数量×每只单位×每单位的成本增加=200×0.4×20=1600（元）。

求和得到各品种的总成本增加：K9=SUM(K4:K8)=8000（元）。

即原料Q价上升1000元/吨，对产品成本的影响金额=8000（元）。

表17.6　各品种的总成本增加测算

品种	单位	单位	数量	成本增加
			只	元/单位
200F	只	0.4	200	1600
300F	只	0.6	50	600
400F	只	0.8	50	800
500F	只	1	100	2000
600F	只	1.2	125	3000
合计			525	8000

还原单位成本，见表17.7。

表17.7　还原单位成本测算2

总成本	原料Q价增加的成本	剔除原料Q价影响后的成本	总产量	实际单位成本	实际单位系数	计划单位系数	还原单位成本
元	元	元	单位	元/单位			元/单位
220200	8000	212200	400	530.5	1.061	1.053	526.5

扣除原料Q价上涨后的单位成本=（220200-8000）/400=530.5（元/单位）。

扣除品种结构影响还原后的单位成本=530.5/1.061×1.053=526.5（元/单位）。

测算结论：采用系数法可以消除品种结构对成本的影响。

§17.2.3　系数法的利弊和进一步的修正措施

该财务经理最后指出了系数法的好处与不足及进一步的修正措施。

1.好处

采用系数法可以在成本考核及成本分析中应用，也可以在分析销售成本毛利率时应用，因为它是以计划成本作为标的物，因此在计算毛利时可以快速且准确地计算出本月与计划比、本月与上月比、品种结构变化对毛利率的影响。

而且在成本考核时，可以把外购半成品组装的产品的成本也考虑进来。因外购产品现在也有计划成本,这样考核的范围就比上年要广了一些,上年只考核自产产品的生产成本完成率。

2. 不足

但采用系数法也有一些不足之处。如系数法对一类型号产品比较适合,而对二类型号产品在目前的情况下有一些不足。这是因为一类型号产品基本上都是非R型,而二类型号产品R型与非R型产品都有。

虽然在制订年初计划时,R型与非R型产品的制造成本是区分开的,但在具体核算时是合在一起的,这就使得虽然在计划成本时,R型与非R型可以制定不同的系数,但核算上只有一个同样的系数。

3. 进一步的修订措施

要解决这一问题可以有以下两种方法。

一是在核算时把R型与非R型产品分别核算,但这样操作后核算的工作量增加很多;二是在核算时合在一起,但在考核时把R型产品与非R型产品的数量分别统计,两种产品成本一致但系数不一样,因为考核的是总体生产成本而不是单独某一产品的成本。

如以500F产品为例,单独核算与折合核算,见表17.8。

表17.8 单独核算与折合核算的测算表

品种	型号	单价 元/单位	数量 只	总成本 单位	总成本 元	单位成本 元/单位	总系数 1	计划系数	总系数 2	单位系数
500F	非R型	500	80	80	40000			1	80	
500F	R型	520	120	120	62400			1.04	124.8	
合计				200	102400	512	204.8		204.8	1.024

其非R型产品成本为500元/单位,R型产品成本为520元/单位,假设本月生产了80只R型和120只非R型产品,那么其核算表中总成本=500×80+520×120=102400(元),单位成本=102400/200=512(元/单位)。

假设其非R型产品的计划系数为1,则R型产品的系数为1.04。

两种产品按单独成本计算，两种产品的合计系数为80×1+120×1.04=204.8，单位系数=204.8/200=1.024。

而按统一的成本核算表中的单位成本计算两种产品的合计系数为512/500×（80+120）=204.8。

结论：两种计算方式的系数是一样的。

> **解读笔记**
>
> 以前的成本指标受品种结构影响，不能反映真实的生产成本，但HR并不知晓。新修订的指标，HR以为规避了品种结构的影响，却不知上有政策、下有对策，被车间的隐蔽手段蒙蔽，产品报废率形同虚设。HR浮在上面，对此浑然不觉，只关注如何计分，与奖罚挂钩。
>
> 财务经理善于从成本核算角度，透过问题表象看实质，有数据、有分析，又能结合实际提出各种修补措施。所以，HR在做考核时，应向"相关部门"多讨教，而不是简单地在KPI考核表写上"相关部门提供……"。
>
> 每年度公司、各部门KPI修订时，也不是把指标改掉就行了，要多问个为什么。新修订的指标会不会反而被钻了空子？所谓HR与业务结合，实在功夫要下得深。

第18章
业务提成方案与核算
（某外贸公司的绩效管理案例解读）

本章介绍一家做汽车饰品的外贸公司的业务提成方案。这家外贸公司的岗位包括三大类：业务员、跟单员、内勤人员。

方案涉及外贸公司的薪资结构、提成依据、提成率确定、新客户、老客户的划分对业务提成的影响、毛利率与价格核算的关系、如何鼓励业务员签订新单、哪些情况要处罚、销售目标如何分解。

18.1　薪资结构与客户分类

在这家外贸公司，业务员、跟单员、内勤人员的薪资年收入均有四个组成部分。

年收入=底薪+月绩效奖金+年度业务提成+特别贡献奖。

在外贸公司，通常出现让老板苦恼的情况：业务员只维持老客户，不愿意去拓展新客户。所以，新客户、老客户的划分很有必要。新客户的毛利提成率比老客户的要高。该公司的财年为3月1日至次年的2月底（这可能跟它的业务淡季旺季有关）。

新客户指3月1日后新下单成交客户；原老客户，但在前两年内无成交，本年度再次下单成交的客户。

老客户指3月1日前已经下单（样品单除外）成交的客户。

本年度成交的新客户下单，若跨到下年度出货，按新客户提成；该客户在下年度再返单，则按老客户提成。

18.2 业务员提成计算

1.计算公式

提成T=业务提成T_1+超额提成T_2。其中，业务提成T_1=实际完成销售发货额W×毛利提成率L×销售额达成率系数S×采购量折扣率J。

超额提成T_2=超出目标的销售发货额×毛利提成率L×1.2×采购量折扣率J。

> **解读笔记**
>
> 首先，从上述计算公式，可以发现提成的依据是销售发货额。注意：合同额、销售额、开票额、发货额、回款额有区别。以哪种作为提成依据时公司的风险不同。一般来说，公司事先考虑了风险，要降低风险或让业务员与公司共同承担风险，就需要以发货额或回款额为提成依据。
>
> 其次，提成率（也叫提成比例）的依据是毛利率。下面可以看到，毛利率是分段的，因此毛利提成率也是分段的。总的来说，毛利率高的单子提成率高，目的是鼓励业务员做高毛利率的单子，或前期商务洽谈时尽量争取较高的毛利率。这就是做利。

> 再次，销售额达成率的高低，对提成也有影响。这就是做量。
>
> 第四，由于公司对采购量大的客户有折扣率，因此，在对业务员的提成中，也引入了采购量折扣率的系数。
>
> 最后，设置了业务提成与超额提成。对销售额达成率大于100%时，超额部分的销售额给予更高的提成率予以刺激。

2. 毛利提成率

毛利率是为以核价单为基准，每个产品实际合同成交金额所产生的毛利率。

毛利提成率分为老客户、新客户两类，根据毛利率不同变化。老客户的毛利提成率，最大=1.5%，最小=0.2%；新客户的毛利提成率，最大=2.5%，最小=0.28%，见表18.1。

表18.1　毛利提成率

毛利率L		L≥40%	30≤L<40%	25≤L<30%	20≤L<25%	16≤L<20%	13≤L<16%	11≤L<13%	9≤L<11%	7≤L<9%	5≤L<7%	3≤L<5%	0≤L<3%
毛利提成率	老客户	1.50%	0.80%	0.75%	0.70%	0.64%	0.58%	0.52%	0.46%	0.40%	0.34%	0.28%	0.20%
	新客户	2.50%	1.15%	1.05%	0.96%	0.88%	0.80%	0.72%	0.64%	0.56%	0.48%	0.40%	0.28%

解读笔记

> 首先，毛利提成率在0.2%～2.5%之间。也就是说，某个订单100万元的发货额，产生的毛利可能是0～40万元，毛利提成在0～4万元之间。
>
> 更具体地说，100万元的发货额，假设毛利率=10%，毛利=10万元，则老客户的毛利提成率=0.46%，毛利提成=10×0.46%×10000=460（元）。
>
> 其次，新客户的毛利提成率比老客户的高。按上述数据，新客户的毛利提成率=0.64%，则毛利提成=640元。
>
> 再次，毛利率需要根据核价单对每个产品实际成交合同计算出

> 毛利率。这就是外贸业务的特点：量大、利薄，利润需要核算，也就是"抠"出来。
>
> 仅有好的毛利率，但量不够大，总的毛利也无法确保，业务提成也不高。所以，外贸公司必须鼓励业务员做量，因此提成还与销售额达成率有关。

3.销售额达成率系数

业务量跟实际、计划销售额有关，也就是与年度、季度的销售目标的分解下达、实际完成的量有关。

计算公式：销售额达成率＝实际完成销售额/计划销售额×100%。销售额达成率≥60%时，可提成。

销售额达成率系数分3段：0、0.8、1。超额部分的销售额达成率系数=1.2。见表18.2。

表18.2　销售额达成率系数

销售额达成率	＜60%	60%～80%	81%～100%	超过100%的部分
系数	0.0	0.8	1.0	1.2

> **解读笔记**
>
> 公司给业务员的"紧箍咒"，或叫"红线"，是60%的销售额达成率，未达成的没有提成。
>
> 销售额达成率，80%以上至100%，系数是1.0；60%～80%，系数0.8。鼓励超额完成销售额，超额部分给予1.2倍的系数。

4.采购量折扣率

核价时的无利润单，必须报总经理书面审批，方可报出，否则不予提成。对于年采购量超过150万元的客户，需考虑采购量折扣率，见表18.3。

表18.3 采购量折扣率

年累计采购额U（万元）	200≤U＜300	300≤U＜500	500≤U＜800	800≤U＜1200	1200≤U＜1500	U≥1500
折扣率	95%	90%	80%	70%	60%	50%

> **解读笔记**
>
> 采购量折扣率的引入，是因为公司对于采购量大的客户有折扣，所以需要让业务员按比例承担。年累计采购额越大，折扣率越低，在95%～50%之间。
>
> 无利润的订单是公司出于做量的需要，但需控制。

5.价格核算

根据实际销售发货金额及其盈利状况，给予业务员一定比例的业务奖励。利润的核算界定，原则上依据核算单。在价格核算时，需考虑公司工厂的制造费用、毛利率。同时，区分自有产品、日本品质客户、新产品。

（1）自有产品的价格核算

制造费用=5%；毛利率A=9%；单个订单同类材料产品成交额≥20万元；毛利率A=10.5%，单个订单成交额＜20万元。

（2）日本品质客户及新产品的价格核算

外发产品制造费用=1%，日本客户毛利率A=15.5%，新产品毛利率A=4%。

> **解读笔记**
>
> 自己生产的产品，比外发（也叫外协、OEM）产品的制造费用要高。自有产品，订单大的，毛利率低些。

6. 年度业务提成

（1）销售目标分解

根据公司年度5400万元销售总任务，按人进行分解，确定业务员全年销售任务总额，并根据年度实际达成率进行总算，发放相应的业务提成奖金。

部门的销售目标分解，见表18.4。

表18.4　部门销售目标分解

月份	3月	4月	5月	6月	7月	8月	9月	10月	11月	12月	1月	2月
销售目标（万元）	470	500	380	423	495	540	610	360	272	480	580	290
季度合计（万元）	1350			1458			1242			1350		

业务员年度销售任务分解，见表18.5。

表18.5　业务员年度销售目标任务分解

姓名	岗位	年度目标任务分解		全年合计（万元）
		季度分解201X年3月～次年2月		
		1季度实际销售（万元）	2～4季度目标（万元）	
	业务员1	216	450	666
	业务员2	277	950	1227
	业务员3	117	950	1067
	业务员4	0	950	950
	业务员5	0	650	650
	业务员6	0	500	500
	业务总监	352	0	352
合计		962	4450	5412

公司可按人员及客户的变动，经与当事人沟通后进行调整，总额不变。

（2）核算

以核价单中毛利率为基准，推算出每个产品合同成交额所产生的毛利率，对应提成率表中相应毛利率区间的提成率进行年度总算，结合年度达成率，进行核算。

（3）发放次数

每年两次发放。第一次在次年4月底前发放70%；第二次在次年7月底前发放30%。

每次发放时，公司提取其中的10%作为业务部公积金。其中，80%用于内勤人员提成奖金。内勤奖金中，单证员提取50%～70%，核价员提取30%～50%。

18.3 内勤人员、跟单员的提成计算

1.内勤人员

计算公式：业务提成奖金＝业务员提成总额×10%×提成率M。

发放时间同业务员。

2.跟单员的提成计算

（1）计算公式：提成＝跟单业务员销售额×0.8‰。注意：不是%，而是‰（千分之一）。

跟单提成从所跟单业务员提成总额中提取。移交人一季度接单未出运的，由接手人跟单，业务员负责业务事宜，享受业务提成；接手人负责跟单事宜，享受跟单提成。

（2）新单激励奖：针对业务员开拓的新客户，对接单业务员，对应跟单员及核价员根据实际贡献度进行的奖励。

奖励额度为100元～800元/单。奖励额度分配，见表18.6。

业务员、跟单员、核价员的比例在上表基础上可浮动。业务员不少于60%，不多于90%；跟单员、核价员各不少于5%，不多于20%。

奖励时间及方式：次月10日前发放上个月所接新单奖金，以收到客户预付款为前提。由业务部写付款申请，经业务经理、总经理批准后发放现金。

表18.6 新单奖励额

下单额S（万元）	S≤2	2＜S≤5	5＜S≤10	10＜S≤15	15＜S≤20	20＜S≤30	30＜S≤50	S＞50
新单奖励额（元）	100	200	300	400	500	600	700	800
业务员	80%	80%	80%	80%	80%	80%	80%	80%
跟单员	10%	10%	10%	10%	10%	10%	10%	10%
核价员	10%	10%	10%	10%	10%	10%	10%	10%

若下单后订单全部取消，要在次月扣回奖金；若下单后部分订单取消，则按实际成交金额扣回相对应的奖金额度。

对于新开拓客户，只奖励第一单；若下单业务员无跟单员，而自行跟单，该业务员要享受跟单员奖励。

18.4 特别贡献奖、部门奖金池、其他规定

1.特别贡献奖

特别贡献奖指对过去一年内为公司业务的销售或利润做出了突出贡献的人所给予的奖励。

奖金额度为5000～50000元/人。奖励方式：现金、旅游、培训或学习机会等，由公司按个人实际状况予以决定。

2.业务部"公积金"

部门公共活动的经费。来源为提取业务提成总额的10%存入部门账户，其中80%作为两位内勤人员奖金，剩余部分作为部门公共活动或者学习等用途的经费，目的用于增强团队整体进步及凝聚力。

"公积金"可理解为部门奖金池。

3.其他规定

（1）如下情形不予以提成

亏损单、呆账、坏账订单。呆账期限定为货款到期日起6个月，坏账期限

为货款到期日起12个月。

当事人责任造成呆账或坏账，要扣除当事人所造成实际经济损失的20%，上限为3000元。

（2）扣罚

业务部人员若由于工作失误，造成公司直接经济损失者，将从月绩效奖金中扣除，扣完为止，不影响季度和年度业务提成。

但若由于当事者工作失误单笔造成公司5000元（年累计5万元）以上的重大经济损失或者呆账，将视实际情况，从业务提成奖金中扣除一定金额，扣除上限为失误单业务提成总额的3倍。

业务员若中途离职，要提前三个月告知，原则上提成发放日不在职者，不予发放提成；但特殊原因离职，经总经理批准后，可以特别发放。

超过合同条款1个月尚未回款，要按当期贷款利息扣除业务员超期利息，扣除上限为逾期单业务提成总额的3倍。

对于客户投诉索赔所造成公司经济损失，要从该单利润中扣除索赔额；扣除上限为被索赔单利润扣完为止。

（3）考核周期及统计口径

考核周期：从当年6月1日起至次年2月28日。

统计口径：所有考核销售数据均以实际销售出货额的口径进行统计。

解读笔记

看完本案例，对外贸公司的提成方案的设计应该有所掌握，但是，一点也看不出这是一家做汽车饰品业务的公司。也许，做打火机、拖鞋、羽绒被的外贸公司，也可以参照这种提成设计。外贸公司的业务提成，更重要的是符合外贸业务追求量、利的特点。

第19章

业务人员、项目组、中间商、代理商、推荐人的提成奖励分配

（某节能公司销售提成方案解读）

本章介绍节能科技公司的销售提成方案。节能业务至少有两种业务模式：购买方式（一次性买断收益，类似买设备）、合同能源管理方式（EMC或EPC）。

节能项目基于节能收益预估，去企业现场结合"工况"项目初步评估，数据调查表也是不可缺少的。每个节能项目需要立项，对是否做这个项目需要评估。

合同能源管理通常跨年分期，要考虑合同年限的长短。合同签订也涉及分成比例、电费等因素。本案例直接用项目的税后利润替代了这些综合考虑因素。

提成奖励需考虑业务人员和项目组人员，包括项目技术人员、项目工程人员的比例，也设置了公司奖励基金。

项目还需区分公司项目、个人项目，这对提成率有影响。也有项目需要中间商、代理商、推荐人一起合作，其提成奖励政策、合作协议不可缺少。

19.1　项目提成

§19.1.1　营销人员提成

项目分为公司项目、个人项目两类，提成不同。

1. 公司项目的提成

公司项目指来自公司的客户资源，指派业务人员跟单，由公司承担项目投资和业务费用的项目。

（1）提成计算

计算公式：提成=项目税后利润×提成率。提成率根据合同额分段设置：3.5%、4%、4.5%，见表19.1。

表19.1　公司项目的提成率

合同额W	提成率P
万元	%
W≥1000	3.50%
1000＜W≤5000	4%
W≥5000	4.50%

（2）提成分配

提成的80%归项目经理，20%归项目技术人员和工程人员及进入公司奖励基金。

（3）公司奖励基金

公司奖励基金主要用于对公司行政管理人员的奖励，具体奖励方案由公司高层管理人员制定，报总经理批准。总经理有权对该奖励方案进行审批和调整。

2. 个人项目的提成

个人项目指来自个人的客户资源，公司承担项目投资，个人承担业务费用

（包括差旅费、应酬费等跟业务直接相关的费用）的项目。

项目分购买（一次性买断，类似购买设备）方式、合同能源管理（EMC）方式两种。

（1）提成计算

计算公式：提成＝项目税后利润×提成率。

（2）提成率

个人项目购买方式的提成率=26%，由业务员、项目技术人员、项目工程人员分配，见表19.2。

个人项目合同能源管理方式的提成率=32%，由业务员、项目技术人员、项目工程人员、公司奖励基金分配，见表19.3。

表19.2 个人项目提成率——购买方式

类别	提成率
业务员	20%
项目技术人员	2%
项目工程人员	1%
公司奖励基金	3%
合计	26%

表19.3 个人项目提成率——合同能源管理方式

类别	提成率
业务员	25%
项目技术人员	1%
项目工程人员	1%
公司奖励基金	5%
合计	32%

§19.1.2 中间商、代理商的提成

1. 中间商的提成

中间商指提供业务关系和渠道，不承担项目投资和业务费用，积极帮助公司签下业务合同、协调客户关系和协助催收货款的企业或个人。其提成比例（含税）见表19.4。

表19.4 中间商的提成率

项目类别	提成依据	提成率
购买方式	视成本、价格等具体情况商定	
EMC方式	节能项目回款额	10%

2.代理商的提成

代理商指跟公司签订了代理合同，负责某个区域或某个特定的客户，自己承担业务费用（项目投资由公司承担），积极帮助公司签下业务合同、协调客户关系和协助催收货款的企业或单位。其提成比例（含税）如下。

（1）购买方式的提成率

视成本、价格等具体情况商定。

（2）EMC方式的提成率

提成=实际回款×提成率。提成率如下。

合同能源管理期为三年的：第一年20%，从第二年开始22.5%。

合同能源管理期为四年的：第一年20%，从第二年开始30%。

合同能源管理期为五年（或以上）的：第一年20%，第二年到第四年30%，从第五年（含）开始按40%计提。

说明：上述"年"指12个月，非指自然年。

3.推荐人奖励

中间商做成的业务，推荐者按该项目税后利润的3%提取奖金。代理商做成的业务，推荐者按税后利润的5%提取奖金。

4.技术人员、公司奖励基金

本公司的项目技术人员、项目工程人员促成中间商、代理商做成的业务，实行公司内部奖励提成政策，提成率见表19.5。

表19.5 提成率

项目类别	项目技术人员	项目工程人员	公司奖励基金
购买方式	2%	1%	2%
EMC方式	1%	0.50%	2%

如中间商、代理商由非业务员推荐但需要业务员跟单，则该跟单业务员的提成按公司项目的提成率处理。

给予推荐者、项目技术人员、项目工程人员、跟单业务员、提入奖励基金的奖金是从公司扣除中间商、代理商费用等的税后利润中计提，即项目税后利润2=项目税后利润−中间商费用−代理商费用。

19.2　其他规则
（扣罚、提成支付、费用控制）

§19.2.1　惩罚规则

公司业务人员从入职起六个月内没有有效客户（指经公司确认有成功可能的客户），或一年之内没有签下有效业务合同，也没有成功推荐中间商或代理商的，将被认为不合格，公司有权解除劳动合同；公司决定继续留用的，将给予降级降薪处罚。

凡公司职工，有公司相关业务或信息，未提供给公司而是转手、介绍给其他公司或个人；或者利用公司平台，做未经公司允许的业务，一经查实，公司将有权收回其在本公司的股权及所得的一切奖励，原应该给予的而暂未给予的奖励本公司有权不再给予。如违反法律法规及公司规定的，公司将追究其法律责任。

§19.2.2　提成支付、兑现方式、扣税

涉及的业务奖励均以实际回款情况确定计提时间。

1. 购买方式的提成支付

购买方式实际回款达到合同应回款金额的50%（含）以上时，才能同期同比例计提奖金。

2. EMC方式的提成支付

合同能源管理（EMC）方式的，从第一笔回款起每个自然季度计提一次。每次以现金方式发放应奖励额的50%，其余50%按如下办法以受奖励员工为

权利人计入公司期权。

（1）购买方式的，在项目款项全部收回时计提。

（2）EMC方式的，每年年终结算时统一计提。若需取现，须经公司董事会批准。

因合同变更、解除等导致合同金额调整或价款返还或利润变化等，计提奖金做相应调整，已发放奖金按相应比例返还公司。

3. 扣税

公司所有人员获得的业务奖金均包含个人所得税，须按国家有关税务政策及公司财务制度办理，奖金获取人必须予以配合。

§19.2.3　销售费用控制

1. 费用借支

个人需借支业务费用的，原则上只借支差旅费和一般应酬费，特殊情况需借支其他费用的需详细说明情况，并上报总经理审批。

省内出差每人单次（下同）借支不超过5000元；省外不超过10000元。

因故不能及时回公司报账，又需继续借支的，则单月累计借支不超过两次。

2. 差旅费、应酬费等业务费的承担与支付

个人项目：一切业务费用原则由个人承担，经公司同意开支的业务费用全部由公司垫付；营销人员成功取得项目后，公司垫付的所有差旅费、应酬费等业务费用从其奖金中扣回，项目最终没有取得的；公司有权酌情从其个人其他项目中扣回垫付费用。

公司项目：因项目需要而发生的业务费用由公司承担，需使用业务费用时跟单业务员按公司《费用报销制度》规定借支与报销。